그래서
우리는

도서관에
　간다

이용훈 이권우
이명현 이정모

그래서 우리는 도서관에 간다

읽고 쓰는 사람을 길러내는
아주 특별한 세계에 관하여

어크로스

들어가는 글

더 나은 도서관을 상상하기 위한
도끼 같은 이야기

이용훈(사서, 도서관문화비평가)

　　도서관을 처음 만난 건 고등학생 시절이었습니다. 이렇게나 책이 많을 수도 있구나, 하고 충격을 받았었지요. 나름 책 읽기를 좋아했던지라 사서가 되어도 좋겠다 싶었습니다. 정작 사서가 되어 도서관 현장에서 일하다 보니 깨달은 게 있었습니다. 사서란 책을 좋아하는 것을 넘어서 책을 통해 사람을 행복하게 해주는 직업이라는 사실 말입니다. 그래서 도서관에서 필요한 책을 전해주는 것뿐만 아니라 여러 사람과 어울리고 대화하고 토론하는 데에도 힘쓰기 시작했습니다.

　　프란츠 카프카가 말했다지요. "책이란 무릇, 우리 안의 꽁꽁 얼어붙은 바다를 깨부수는 도끼여야 한다." '도끼' 같은 책들이 가득한 곳에서 일하고 있지만, 저 또한 도서관에 대한 인식이

'꽁꽁 얼어붙은' 것 같다고 느낀 적이 많았습니다. MBC와 책읽는사회문화재단이 추진 중인 기적의도서관 프로젝트에 합류한 배경에도 조금 더 세상과 호흡하는 사서가 되고 싶은 바람이 있었습니다. 20여 년 동안 프로젝트에 참여하면서, 도서관은 그저 시험공부 하는 장소라는 꽁꽁 언 생각을 깰 수 있었습니다. 도서관의 공간 설계에서부터 활동 내용과 방식에 이르기까지 분명하고 뚜렷한 혁신을 이끌어냈지요. 전부 시민들의 애정과 지지, 지원이 뒷받침되었기에 가능한 일이었습니다. 시민들이 얼마나 간절하게 도서관을 원하고 사랑하는지를 알게 되었을 때 미안함과 부끄러움이 앞섰던 기억이 납니다. 기적의도서관 프로젝트를 계기로, 좋은 도서관은 시민의 문화적 권리이며 도서관 사서와 직원들은 그런 시민의 권리를 실현할 책임이 있음을 절감했습니다.

그러던 중에 이권우, 이명현, 이정모, 세 사람을 만났습니다. 살아온 환경도, 활동 영역도 저마다 다르지만, 다들 도서관을 만나 읽고 쓰는 사람으로 성장했고 지금도 도서관 주변을 맴돌며 살아가는 분들이지요. '살아 보니' 시리즈로 전국의 도서관을 순회하면서 여러 독자와 소통한 장본인들이기도 합니다. 세 분과 이런저런 이야기를 나누다 보니 알렉상드르 뒤마의 소설

《삼총사》가 떠올랐습니다. 달타냥이 용맹한 세 명의 총사와 모험담을 펼친 것처럼, 저와 세 사람이 도서관이라는 세계를 누비는 기분이었지요. '도서관 생활자'들의 대담은 그렇게 시작되었습니다.

도서관이 마주한 현실과 과제, 나아가 도서관의 쓸모와 가치에 대해 이들과 전방위적인 이야기를 나누면서 새로 배우고 생각할 거리도 많이 얻었습니다. 40년가량 도서관계에 몸담은 사람으로서 도서관을 객관적이고 다각도의 시선으로 바라보는 계기였지요. 도서관과 사서에 대해 세 친구들이 보고 듣고 경험한 게 워낙 다양해서 살짝 두렵기도 했습니다. 하지만 대담 내내 기쁘고 고마웠습니다. 독서와 과학 부문에서 영향력 있는 세 친구가 도서관을 논하는 것만으로도 도서관의 가치를 더 많은 사람들에게 다정하고 깊이 있게 전할 수 있을 거라고 생각했습니다. 도서관에서 성장했고 이제는 도서관을 성장시키고 싶어 하는 우리 도서관 생활자들의 이야기가 부디 독자들의 삶을 더 즐겁고 풍부하게 만들어주기를 기대합니다.

무엇보다 이 책은 저와 같은 도서관 사서들에게 권하고 싶습니다. 도서관에서 일하다 보면 여러 장벽과 마주하지요. 예산은 모자라고 인력은 부족하고 장서는 줄고, 일부에서는 작은 도서관들이 폐관하고 있습니다. 원망 어린 민원에 시달리기도 합니다. 분명히 개선되어야 할 지점들이지만 한편으로는 이런 생각이 들었습니다. 한계가 많다는 것은 곧 우리가 새롭게 시도할 수 있는 여지가 많다는 뜻이 아닐까 하고요. 기적의도서관 프로젝트를 하면서도 절감한 부분이지만, 최선을 다해 좋은 책을 갖추고 일하는 방식을 혁신하는 등 도서관이 시민들에게 가까이 다가가려 노력할수록 시민들은 관심과 지원으로 화답하고 행정 당국에서도 도서관의 중요성을 인지한다는 점입니다. 실제로 그렇게 우리나라 도서관 문화도 많이 좋아졌다고 믿습니다. 더 나은 도서관을 만들기 위해 우리가 해야 할 일은 여전히 많습니다.

    더 나은 도서관을 만드는 데에는 바른 질책과 응원이 필요합니다. 이 책에는 도서관의 변화와 혁신을 위한 애정 어린 쓴소리가 담겨 있습니다. 물론 친구들의 의견에 전부 동의하지는 않습니다. 어쩔 수 없이 저도 사서인지라 일부 대목에서는 대립각을 세우거나 변명 같은 해명을 하기도 했지요. 하지만 도서관과 사서에 대한 이들의 지지와 진솔한 충고는 참 고맙습니다. 마음을 활짝 펼쳐두고, 시민들이 도서관을 통해 일상 속에서 예쁜 꽃을 피우고 풍성한 열매를 맺을 수 있도록 힘쓰는 사서들이 많을 거라고 확신합니다. 용기 있게 도서관을 넘어 세상을 향해 나아가는 사서들에게 이 책이 든든하고 유익한 기반이 되어주기를 소망합니다.

미국의 도서관학자이자 텍사스대학교 문헌정보학과 교수 데이비드 랭크스는 "좋은 도서관은 공동체를 만든다"라고 했습니다. 우리 도서관도 행복하고 풍요로운 공동체로 만드는 역할을 제대로 해낼 수 있어야 합니다. 시민과 사서가 서로 존중과 배려의 마음으로 진솔하게 소통하고 연대할 때 더 나은 도서관, 더 나은 사회를 만들어갈 수 있습니다. 모두를 위한 도서관, 더 좋은 공동체를 만드는 도서관을 상상하고 실현하는 데 우리 네 사람의 이야기가 쓸모 있는 도끼가 되기를 바랍니다.

차례

- 들어가는 글   5
  더 나은 도서관을 상상하기 위한 도끼 같은 이야기 | 이용훈

1부 도서관은 어떻게 사람을 키우는가   13

어느 날 도서관이 나에게 왔다 | 잡지라는 이름의 세계 | 그 많은 달력 책은 누가 찾아줬을까 | 우연한 발견, 그리고 장서의 힘 | 인류 문명을 만든 지식의 아카이브

2부 도서관의 쓸모   63

숫자 너머에 가려진 것들 | 무상의 독자에서 유상의 독자로 | 쓸모 있는 책이란 무엇인가 | 도서관에 가면 부자가 된다 | 모든 곳에 모든 책이 있을 필요는 없다 | 산 책, 버린 책, 살릴 책

3부 AI 시대의 도서관   117

읽기보다 잇기가 중요하다 | 사서는 어떻게 변화해야 하는가 | 기술도 대체할 수 없는 것이 있다 | 마침표 대신 물음표를 던지는 곳

4부 소란하고 불온한 도서관을 위하여　　　　　　　　157

도서관은 시끄러울 필요가 있다 | 누구를 위한 공간인가 | 내가 원하는 책 vs 도서관에 필요한 책 | '얼마나 많은가'가 아니라 '어디에 있는가'

5부 미래에도 도서관은 살아남을 수 있을까　　　　　　　　201

책 읽는 사람이 줄어든다 | 더 나은 세상을 상상하는 힘 | 지식이 삶이 되는 순간, 라이프러리 | 노인을 위한 도서관은 있다 | 미래 도서관 프로젝트

- **나가는 글**　　　　　　　　　　　　　　　　　　　　　　244
  모두를 위한 도서관을 꿈꾸는 이들에게 보내는 편지 | 이권우

- **저자 소개**　　　　　　　　　　　　　　　　　　　　　　250

1부

도서관은 어떻게 사람을 키우는가

"지식은 축적되어야 하고 축적된 것은
누구에게라도 평등하게 개방되어야 한다.
그렇게 도서관이 새로운 시대를 여는
중요한 사회적·문화적 기관이 된 것이지요."

이용훈 도서관에 대한 애정이 남다른 세 분을 만나 영광입니다. 세 분은 2023년에 함께 환갑을 맞은 기념으로 '환갑삼이' 프로젝트를 진행하셨지요. 누구보다 책을 많이 읽어온 세 분이 책을 아끼고 사랑하는 사람들, 그리고 지역사회에 대한 보답으로 전국의 서점과 도서관을 찾는 순회강연을 개최하셨어요. 또 삶을 반추하며 과학과 인생을 아우르는 세 개의 키워드 '지능', '시간', '진화'를 주제로 한 대담집 《살아 보니, 지능》, 《살아 보니, 시간》, 《살아 보니, 진화》도 펴내셨고요. 이 책들은 저도 재밌게 읽었습니다. 최근까지도 '살아 보니' 시리즈 강연으로 전국을 여행하듯 누비시는데 함께 다녀보니 어떻던가요? 강연하면서 도서관도 많이 가보셨을 텐데 인상 깊은 경험이 있다면요?

이정모 좋았죠. 이권우, 이명현이라는 살아 있는 두 도서관과 함께하는 느낌이 들었거든요.

'환갑삼이' 프로젝트를 시작한 지도 어느덧 2년이 지났더라고요. 서로 알고 지낸 지 오래됐는데 함께 책을 내고 강연을 이어가면서 더욱 친해졌어요. '친구로 삼기에 자격이 충분한 사람들이구나, 이들을 믿을 수 있겠구나' 하고 인정하게 되었달까요. (웃음)

무엇보다 신뢰가 쌓였죠. 책을 통한 신뢰 말이에요. 주제가 무엇이든 각자가 읽은 책을 바탕으로 자기 생각을 풀어내니 더 수월하고 즐겁게 이야기를 이어갈 수 있었어요. '어떤 순간에도 이야깃거리가 끊기지 않는구나', 그런 믿음 덕분에 강연을 지속할 수 있었습니다.

이권우 보통 지방 강연을 가면 일정을 이틀씩 잡아요. 대개 첫째 날은 독립서점을 가고, 다음 날은 지역 도서관을 가죠. 이왕이면 작은도서관을 위주로 찾고요. 최근 정책적·재정적 지원이 대폭 줄어들면서 도서관이 어려운 상황에 놓여 있는데, 그래도 저희가 가본 도서관은 희망이 있었어요. 도서관을 운영하고 이용하는 시민의 관심과 열정이 기대 이상으로 높다는 걸 느낄 수 있었습니다. 또 저희는 뜨거운 환대까지 받았으니 더할 나위 없이 행복하고 감사한 마음이 들었죠.

　　　이명현　저는 평소에도 도서관을 많이 드나들지만, 이전까지는 강연자로서 관계자들과 차 한잔 마시고 오는 정도였어요. 도서관 내부의 이야기를 들을 기회는 거의 없었죠. 그러다 '살아 보니' 시리즈 강연을 두 분과 함께하면서 재미있는 이야기를 많이 접했는데, 도서관에 대해 막연히 알고 있던 것들을 조금 더 구체화할 수 있었다고 할까요. 개인적으로는 그게 큰 소득이었습니다.

　　　이정모　가장 인상 깊었던 곳은 춘천의 작은도서관 caru(까루)였는데 마치 아지트 같았어요. 여러 사람이 모여 책을 읽을 뿐 아니라 어떻게 책을 매개로 세상을 좋은 곳으로 바꿀 수 있을까 하는 고민이 오가는 공간이라고 느꼈죠. 평소 도서관이 책만 빌리는 곳이 아니라 사람들이 바글바글 모여서 지역사회의 문제를 해결하는 곳이 되어야 한다고 생각했는데, 그 도서관이 모범적 예인 것 같아요.

　　　태안도서관에서 주관한 강연은 도서관의 역할에 대해 다시 한번 생각하는 계기가 된 소중한 시간이었습니다. 도서관이 아닌 다른 장소에서 강연이 진행되어서 찾기가 쉽지 않았는데, 와주신 분들의 호응이 너무 좋았어요. 사소한 이야기에도 감동과 만족을 표하는 모습을 보면서, 그동안 태안 주민들이 누릴 수 있는 문화적 혜택이 별로 없었다는 사실을 깨달았습니다. 그렇게 보면 이러한 강연을 기획하고 실행하는 도서관이 지역 시민들에게 엄청난 일을 해주고 있는 셈이죠.

저는 지난 2년을 통틀어 태안도서관 강연이 가장 만족도가 높았어요. 강연을 듣던 주민분들의 표정을 접하며 '우리가 가야 할 곳이 어디까지일까?', '도서관에서 우리가 할 수 있는 이야기는 또 어디까지일까?' 하는 고민이 들었죠. 생각을 더욱 활짝 열어야겠다고 다짐했습니다.

이용훈　그렇게 이 대담과 책이 시작되었군요. '도서관'이라는 주제로 세 분과 이야기를 나누게 되어 도서관 사람으로서 무척 감동입니다. '노인 한 명이 죽으면 도서관 하나가 사라지는 것과 같다'라는 아프리카 속담이 있지요. 전국 각지의 독자들과 만나며 책과 독서, 과학, 교양 등 다양한 이야기를 풀어내시는 모습을 보면서 세 분 자체가 대단히 흥미로운 도서관이라는 생각을 했습니다. '책과 독서의 전당', '시민의 서재'인 도서관에서 대해서 세 분이 무엇을 느끼고 어떤 생각을 가지고 계실지도 몹시 궁금해졌고요.

어느 날 도서관이 나에게 왔다

이용훈　자, 얘기를 조금 더 옛날로 돌려볼까요. 저는 어릴 때 서울의 변두리 동네에서 살았습니다. 판잣집은 흔했어도 책을 보유한 공간, 책을 읽을 수 있는 도서관 같은 곳은 없었지요. 도서관을 처음 만난 건 서울 중심부에 있는 고등학교에 입학하고 나서였습니다. 꽤 충격이었죠. 이렇게 책이 많을 수도 있나 싶어서요. 세 분이 아무리 도서관 생활자라고 해도 태어나자마자 도서관에 갔을 리는 없을 듯한데요. (웃음) 언제 도서관을 처음 만나게 됐는지 궁금합니다.

이정모　초등학교 3학년쯤엔가 학교 도서관을 처음 접했어요. 당시의 학교 도서관은 큰 교실 하나에 유리문 달린 책장들이 쫙 늘어서 있는 곳이었지요. 책이 많긴 해도 책장 유리문이 거의 잠겨 있어서 정작 읽을 수 있는 책은 한 권도 없는, 그렇지만 1년에 한 번씩 들어가서 청소는 해야 하는 곳에 불과했습니다. 지금처럼 독립된 건물 형태의 도서관을 보고 '이게 도서관이구나' 하고 인식한 건 고등학교 이후였던 것 같아요.

이용훈　초등학교 3학년 때라면 1970년대 초반이겠네요. 우리나라 도서관 사정이 그다지 좋지 않았던 시절이었지요.

이정모　대중적인 도서관이라고 하면 다들 남산도서관, 정독도서관 같은 공공도서관을 처음 접하지 않았나요?

이권우　전 지방에서 살았던지라 그런 도서관은 TV에서나 보던 풍경이었어요. 학생들이 남산도서관 앞에서 책가방으로 줄 세워놓고 기다리는 모습은 선망의 대상이었지요. 서울 하면 떠오르는 상징이었다고나 할까요. 무엇보다 그렇게 큰 도서관이 있다는 데 놀랐습니다.

이정모　학생 때만 해도 도서관은 책 보러 간다기보다 공부하러 가는 곳이라는 인상이 강했지요. 고등학교 1학년 즈음인 것 같은데, 뉴스에 나온 도서관 풍경을 보고 시험공부할 때 한번 가봐야겠다고 마음먹었어요. 그런데 저 같은 애들이 너무 많았던 탓에 줄을 섰다가 결국 기다리다 지쳐서 그냥 돌아왔던 기억이 납니다. 그때 도서관 입장료가 150원인가 했어요.

이용훈　도서관계에서는 입관료라고 하죠. 대한제국 말과 일제강점기에 공공도서관을 이용하려면 입장료를 내던 것이 해방 이후까지 이어졌어요. 지금처럼 공공도서관이 무료 이용 시설이 된 건 1991년 '도서관진흥법시행령'이 제정된 이후(1992년)부터니까, 이제 겨우 30여 년밖에 안 된 셈입니다. 이정모 선생도 그렇게 도서관을 경험한 적이 있으시군요.

이정모　맞아요. 그땐 공공도서관도 돈을 내고 들어가던 시절이었어요. 도서관에서 본격적으로 공부해야겠다고 결심한 건 고등학교 2학년 때였어요. 날짜도 정확히 기억해요. 1980년 7월 31일인데, 바로 전날 전두환이 만든 국가보위비상대책위원회가 대학입학정원제를 대학졸업정원제로 전환한다고 발표했거든요. 신입생을 정원보다 더 많이 뽑는다는 거예요. 그걸 듣자마자 '그래, 그러면 나도 공부해서 대학에 갈 수 있겠구나' 하는 생각이 들어서 가방을 메고 뛰어나갔죠.

그렇게 찾아간 곳이 종로5가에 있는 연동교회 도서관이었는데 도착해 가방을 열자마자 토할 뻔했어요. 방학식 날 반쯤 먹고 남긴 도시락이 상한 채로 들어 있었거든요. 방학하고 책가방을 한 번도 안 열어본 거예요. 도시락을 처리하고 비로소 공부를 하려는데 책이라곤 국사 교과서 하나밖에 없지 뭡니까. 다시 집까지 다녀올 수도 없어서 그냥 국사 교과서나 읽어보자 했죠. 그때 엄청난 깨달음을 얻었어요. 그동안 국사 시험을 볼 때 친구들이 그 어려운 문제를 어떻게 푸는 건지 몰랐거든요? 하루 내내 교과서를 읽었더니 책 안에 답이 다 있더라고요. 교과서만 보면 되는 거였어요!

도서관은 연동교회 꼭대기에 있었는데 작지만 아주 아늑

이정모

하고 좋았어요. 여섯 명이 앉을 수 있는 책상이 예닐곱 개 있었던 기억이 나요. 장서는 신학책 중심이었는데 대개 성경 주석서였죠. 책장이 잠겨 있어서 그마저도 보기 힘들었습니다. 그런데 당시 수배 중인 운동권 대학생 여섯 명 정도가 그곳에서 살다시피 했어요. 경찰이 교회까지는 못 들어오니 교회에서 생활하면서 공부도 한 거죠. 과외가 금지된 시절이었는데 저는 그 대학생 형, 누나들에게 많은 걸 배웠어요.

이용훈 그분들이 도서관이었네요.

이정모 그렇죠. 주로 영어나 수학을 가르쳐주었는데, 특히 점심시간에 형, 누나들과 나눈 대화가 참 좋았어요. 나중에 알고 보니 자본주의의 구조와 발전 같은 이야기였어요. 당시에는 다 이해하지 못했지만, 그 시간이 좋은 기억으로 남아 있습니다.

이권우 고등학생이 세상을 너무 일찍 알아버렸군요. (웃음)

이정모 그분들이 생각이나 이념을 강요한 건 아니에요. 다만 저도 모르게 감화된 부분이 있었나봐요. '우리나라는 농촌이 문제다'라는 깨달음을 얻고 농대를 가야겠다고 마음먹었으니까요.

이용훈 도서관과 굉장히 감동적인 만남을 가지셨군요. 연동교회를 지날 때마다 고등학생 이정모가 떠오를 것 같습니다. (웃음) 이명현 선생은 어떠신가요? 선생의 첫 도서관 이야기가 궁금하네요.

이명현 저는 아주 어릴 때부터 도서관을 드나들었어요. 교수였던 부모님 덕분에 책이 많은 환경에서 자라서인지 도서관이 친숙했어요. 답십리초등학교에서 1학년 1학기를 마치고 화곡동으로 이사한 뒤로는 학교 도서관이 놀이터가 되었죠. 당시 답십리초등학교는 한 반에 학생이 100명이나 됐어요. 학생이 많다 보니 삼부제 수업을 할 정도였죠. 그런데 전학한 화곡동의 학교는 한 학년에 다섯 반 정도 있었고, 한 반당 학생이 80여 명이었어요. 교실 한두 개 정도 크기의 도서관도 있었는데, 사서 선생님이 무척 친절하고 활발하셨던 기억이 나요. 아이들이 도서관에 잘 오지 않아서 그랬는지 저를 엄청 반갑게 맞아주셨거든요. 그렇게 저만의 큰 놀이터가 생겼죠.

이정모 그 당시 학교 도서관에 초등학생이 읽을 만한 책이 있었나요?

이명현 서가에 《그리스 로마 신화》, 《이솝우화》 등 다양한 책들이 쫙 꽂혀 있었는데, 어린 마음에 '여기서부터 여기까지 다 읽자' 하고 결심했습니다. 그러곤 정말 다 읽었어요.

이정모 책이 한 40권 있었던 건 아니고요? (웃음)

이명현　왜 이렇게 삐딱해! (웃음) 그리고 여기 있는 분들은 아시겠지만, 당시에 '자유교양대회'라는 게 있었잖아요. 정해진 책을 읽은 후 독후감도 쓰고 글짓기도 하는 대회인데 주로 남산에서 열렸어요. 그래서 남산도서관에도 자주 갔었죠.

이용훈　아실지 모르겠지만, 남산도서관이 처음부터 남산 중턱에 있었던 건 아니에요. 남산도서관의 시초는 1922년 10월 옛 한성병원 건물에 들어선 경성부립도서관입니다. 지리상으로 보면 지금의 명동 한복판에 도서관이 개관한 거라서 금방 유명해졌어요. 1927년 소공동의 대관정 자리로 이전했고, 해방되자 도서관 이름을 서울시립남대문도서관으로 바꾸었죠. 한동안 그곳에 있다가 1964년에 지금의 자리로 옮기면서 우리가 아는 남산도서관이 되었습니다.

박완서 작가는 자전적 소설인 《그 많던 싱아는 누가 다 먹었을까》에서 어릴 적에 가본 경성부립도서관 어린이열람실을 "꿈의 세계"라고 표현하며 "못다 읽은 책을 그냥 놓고 와야 하는 심정은 내 혼을 거기다 반 넘게 남겨놓고 오는 것과 같았다"라고 회고하기도 했죠.

이명현　남산도서관에 그런 대단한 내력이 있는 줄은 몰랐네요. (웃음) 초등학교 2~3학년부터는 부모님을 따라서 서울

대학교나 이화여자대학교 도서관에도 많이 다녔어요. 어머니가 교수로 계셨던 이화여대에 자주 놀러 갔는데, 다른 교수님들 연구실에서 책을 빌려와 읽기도 했죠. 아이가 책을 빌려달라니 마냥 귀여워 보이셨던 듯해요. 그때 이어령 선생님 연구실도 엄청 드나들었어요. 책도 많이 빌려 보고요.

그만큼 저한테 책이 있는 공간, 도서관은 자연스러운 놀이 공간이었어요. 제 성향이나 적성에 잘 맞아서 그랬는지 더 적극적으로 도서관을 찾아다녔고요. 중학생이 되고 나서도 도서관을 애용했어요. 물론 그 학교 도서관도 거의 잠겨 있었는데, 문 좀 열어달라고 수시로 선생님을 찾아가며 잠든 도서관을 깨우곤 했죠. 고등학교 때도 마찬가지였고요.

이용훈　'잠든 도서관을 깨운다'라는 말이 확 다가오네요. 도서관은 이용자가 깨우고 활력을 불어넣어야만 비로소 도서관다운 도서관이 되지요. 또 배웁니다.

그나저나 세 분이 동시대를 살았는데도 청소년기에 각자 도서관과 관련해 굉장히 다른 경험을 한 점이 흥미롭네요.

이권우　저는 이명현 선생 같은 경험은 없죠. 중학생 때까지는 도서관에 영 관심이 없었는지 기억나는 것이 거의 없어요. 그나마 고등학교에 갔을 때 선생님이 신입생에게 음악실과 도서관이 있는 부속건물을 구경시켜준 일이 떠오르네요. 선생님은 굳게 닫힌 도서관을 가리키며 말했죠. 우리 학교는 공부만 하는 학교라 도서관은 잠가놓았다고.

이정모 제가 다닌 고등학교에도 좋은 도서관이 있었어요. 그런데 웃긴 게 성적순으로 상위 몇 등까지만 도서관을 쓸 수 있는 거예요. 정작 공부 잘하는 애들은 도서관 이용을 달가워하지 않았어요. 빨리 집에 가서 다른 거 하고 싶은데 억지로 갔던 거죠. 나처럼 공부와 거리가 있던 사람이야말로 도서관이 필요했는데. 그래서인지 도서관에 약간 안 좋은 감정이 남아 있습니다. (웃음) 남산도서관도 줄만 섰다가 결국 들어가지 못했고요.

이용훈 여러분이 경험한 바와 같이 그 시절 도서관은 독서보다는 공부를 위한 공간으로 인식되었죠. 학교에 도서관이 있어도 성적이 좋은 아이들을 모아놓고 명문대에 보내기 위해 공부시키는 독서실 개념이었고요. 이명현 선생 같은 경험은 조금 특별한 경우일 겁니다.

이명현 이권우 선생의 이야기를 저도 자주 들었어요. 그런데 제가 다닌 고등학교는 조금 달랐어요. 정식으로 문예부가 있었음에도, 학생들끼리 문학 동인회를 만들어 동인지도 내고 꽤 열심히 활동했어요. 사서 선생님도 함께하셨고요. 그래서 저한테 도서관은 공부하는 곳이 아니라 독서 모임이나 동아리 활동을 하는 공간이었죠. 굉장히 재미있었습니다.

그러고 보니 이용훈 선생은 도서관과의 첫 만남이 어땠는지 아직 못 들었네요. 여기 모인 사람 중 누구보다도 도서관에 진심인 분인데.

이용훈　앞서도 말했지만, 전 서울 변두리에 살았는데 도서관이란 곳은 알지도 못했어요. 동네에 책과 관련된 건 거의 없었고 만화방 정도 있었던 듯해요. 도서관을 처음 접한 것은 서울 한복판에 자리한 고등학교에 들어가면서부터예요. 중고등학교가 함께 있는 곳이었는데 교내에 도서관이 있었고, 사서 선생님도 계셨죠.

도서관에 가서 사서 선생님의 일을 자주 도와드렸어요. 그러다 대학 진학을 준비하면서 도서관학과가 있다는 사실을 알게 됐고요. 요즘엔 문헌정보학과로 더 알려져 있죠. 그렇게 도서관학과에 진학해서 사서가 되었고, 오랫동안 도서관에서 일해오다 지금에 이르게 되었습니다.

세 분의 이야기를 듣다 보니, 도서관에 대한 경험은 서울이라는 지역적 특성과도 밀접한 것 같네요. 지금도 마찬가지이지만, 당시에는 사실상 거의 모든 문화시설이 서울 중심에 있었죠.

잡지라는 이름의 세계

이권우 전 경기도 성남에서 고등학교를 다녔는데, 당시만 해도 성남에는 공부할 만한 도서관이 없었어요. 그래서 방학 때마다 버스를 타고 동대문도서관까지 가서 입시 공부를 했던 기억이 있습니다.

이용훈 1980~1990년 정도까지는 우리나라 도서관 대부분이 공부방 성격이 강했죠. 줄 서서 들어가 하루 종일 공부하고 나오는 곳이었어요. 장서도 별로 많지 않았고, 종종 책장이 잠겨 있기도 했고요. 그럼에도 이명현 선생은 일찍부터 도서관을 접했고 잘 활용한 경우라고 하겠고요. 이정모 선생은 앞에서 연동교회 도서관에 대한 추억을 이야기해주셨지요. 이권우 선생은 어떤 계기로 도서관과 친해졌나요?

이권우 도서관에 대한 저의 원체험은 대학에 들어가고 나서 만들어졌어요. 제가 다닌 대학의 도서관 건물이 1968년에 세계대학총장회를 개최했던 곳이에요. 도서관 중앙 공간이 원형으로 되어 있는데, 아주 좋은 책상과 의자가 쭉 놓여 있어요. 그곳을 개가열람실로 운영했죠. 거기에 잡지들이 비치되어 있었는데, 저는 그게 무척 좋았습니다. 학생이니 돈이 없을 때잖아요. 그런데 도서관에 가면 잡지를 무료로 실컷 볼 수 있으니 얼마나 좋았겠어요.

그때가 〈창작과비평〉이 언론통폐합 조치로 폐간되었던 시기인데 열람실에 폐간 전 발행된 〈창작과비평〉이 있었어요. 선배들이 빌려준 책을 보거나 공부할 때 늘 〈창작과비평〉이 언급되니까 무척 중요한 잡지라는 건 직감으로 알았죠. 그런 옛날 잡지를 찾아보는 재미가 쏠쏠했어요.

예술잡지도 빼놓을 수 없죠. 특히 제게 큰 도움이 된 잡지가 〈계간미술〉(지금의 〈월간미술〉)이었어요. 대학 신입생 때는 컬러 TV가 나오기 전이었는데, 〈계간미술〉을 펼쳐보니까 잡지 전체가 컬러로 인쇄되어 있더라고요. 색감 때문인지 미술에 대해 아는 바가 전혀 없는데도 신나게 읽었어요. 무엇보다 글의 수준이 뛰어나서 놀랐죠. 윤범모, 유홍준 등 훗날 한국 미술계를 이끈 기라성 같은 분들이 그 잡지의 기자였어요. 어떻게 미술 전공자가 이렇게나 글을 잘 쓸까, 국문학도로서 자존심도 상하고 스스로의 글쓰기 수준에 대한 반성도 엄청나게 했죠. 철마다 나오니까 기다리는 재미도 있고, 글도 너무 좋아서 잡지를 보는 즐거움에 열람실을 꾸준히 드나들었어요.

한번은 〈현대문학〉 최신호가 나왔다는 소식을 듣고 쏜살

같이 열람실로 갔는데 그사이에 누군가 먼저 보고 밑줄을 그어 놓은 거예요. 경쟁심이 발동해서 다음 달에는 반드시 가장 먼저 읽어야지, 다짐했어요. 하지만 이쯤이면 들어왔겠지 싶어 도서관을 갔다가 번번이 허탕 치고 말았습니다. 아직 잡지가 들어오지 않은 거예요. 그렇게 다음 호가 나오기까지 얼마나 헛걸음을 많이 했는지. (웃음)

이용훈　밤샘을 했어야죠! (웃음)

이권우　잡지를 볼 수 있다는 기쁨에 도서관을 매일같이 드나들었죠. 공간의 힘이 컸다는 생각도 들어요. 커다란 창으로 햇살이 잘 드는 곳에서, 당시로는 접하기 쉽지 않은 고급 책상과 의자에 앉아 있다고 생각해봐요. 게다가 공간은 엄청 넓은데 사람은 별로 없었어요. 그곳에서 책 읽는 시간이 너무 좋았어요.

그 시절, 그 공간을 떠올리면, 도서관의 모든 이론적인 존립 목적이 고스란히 한 개인에게 실현된 순간이 아니었을까 싶어요. 덕분에 도서관의 가치와 의미를 깨달았지요. 문학은 전공을 했기에 자연스럽게 접했지만, 미술이라는 낯선 분야에 관심을 갖고 미적감각을 기를 수 있던 것은 도서관이 있어서 가능했어요. 그 원형 열람실이 저의 모든 감수성을 키워줬다고 해도 과언이 아니죠.

대학 교지 편집장을 지낼 때 특집으로 민중미술을 다루면서 올컬러 도판을 실은 적이 있는데, 그것도 원형 열람실의 영향이라고 생각해요. 대학 교지로서는 굉장히 드문 일이었을 거예요. 민중미술이라는 제한된 장르였지만, 어쨌든 그 당시 우리한테는 굉장히 중요한 의미를 준 작업이었습니다.

이용훈　원형 열람실이라는 것도 흥미롭네요. 해외에서는 종종 볼 수 있는 공간 형태이지만, 한국에는 도서관 공간을 원형으로 꾸민 곳이 별로 없죠? 이권우 선생이 말씀하신 경희대학교와 전북 김제의 지평선고등학교 외에 서귀포기적의도서관, 인제기적의도서관 정도가 원형으로 된 도서관 같습니다.

이정모　원형이 공간 효율이 떨어지잖아요. 네모반듯해야 좋다는 인식도 한몫하는 듯하고요.

이권우　공간은 단순히 건물의 일부라기보다는 교육철학을 보여준다고 생각해요. 우리는 병영 문화가 교육에 그대로 반영되어 학교나 도서관도 군대 막사처럼 지은 거죠. 토론과 논쟁을 통한 학습이 아니라 주입식 교육이 일반적이었기 때문에, 원형이 지닌 상징적인 가치를 구현할 필요가 없지 않았을까 싶어요. 건축상의 어려움은 둘째로 치고 말이죠. 지평선고등학교는 도서관 건물 자체가 원형이잖아요. 당장 모든 건물을 그렇게 짓자는 말은 아니고, 특정 공간만이라도 원형으로 조성할 수 있는 교육철학이 필요하다고 봐요.

이용훈 잡지에 대한 이권우 선생의 이야기는 이제껏 도서관 일꾼으로 살아온 제겐 중요한 지적으로 다가옵니다. 다들 책을 여러 권 집필하셨지만, 책 한 권이 나오는 데 굉장히 오랜 시간이 걸리잖아요. 반면에 잡지는 책에 비하면 발간 속도가 엄청 빨라요. 지식과 정보를 소화하는 속도도 무척 빠르죠. 분야도 굉장히 다양하고요. 신속성과 다양성이라는 측면 때문에 잡지는 개인이 소비하는 데 한계가 있어요. 매달 또는 매주 발행되다 보니 비용적으로 부담도 되고요. 도서관이 좀 더 다양한 잡지를 소장해서 이용자들이 볼 수 있도록 한다면 좋겠습니다. 물론 도서관도 비용이나 관리 문제 등으로 인해 여러 잡지를 취급하기는 쉽지 않지요. 그럼에도 도서관이 수행해야 할 공적 역할의 하나로 잡지 제공 서비스를 적극 고민해봐야 합니다. 요즘은 디지털 형식으로 꽤 많은 잡지를 제공하는 도서관들이 늘어나고 있는 듯해 다행이고요.

이정모 전 연동교회 도서관만 다녔지, 가본 도서관이 별로 없네요. (웃음) 연세대에 입학한 뒤에야 비로소 학교 도서관을 이용한 거죠. 중앙도서관 2층에 있는 자연과학 자료실을 자주 찾앉는데, 당시에 신입생은 1년 동안 매주 생물, 화학, 물리 각 영역의 리포트를 써야 했어요. 국내에 나온 관련 도서가 많지 않아서 주로 일본어나 영어로 된 책을 참고해야 했죠.

사실 자연과학 책 자체가 다양하게 구비되어 있진 않아서 잡지도 많이 봤어요. 잡지도 2층에 비치되어 있었거든요. 처음에는 〈네이처〉나 논문 위주로 필요한 부분만 복사를 요청해 읽었어요. 그러다 주변을 둘러보니 〈현대문학〉이니 〈창작과비평〉 같은 문예지를 사람들이 빌려 가는 거예요. 얼떨결에 저도 그 잡지들을 읽기 시작했죠. 복사본은 딱 그 부분만 보는데, 잡지의 경우 제가 보려던 기사의 앞뒤 페이지도 자연스럽게 읽게 되더라고요. 생각지도 못한 재미있는 내용을 많이 만났어요. 잡지에 흥미를 가지면서 〈뿌리깊은 나무〉 같은 교양잡지까지 섭렵했고요. 미술잡지는 이권우 선생처럼 저도 컬러에 매혹되어 보기 시작했죠.

대학원생이 되니까 서고에 들어갈 수가 있더라고요. 학부생 때는 필요한 잡지를 도서관 직원에게 요청해서 받아야 했거든요. 서고에서 과학잡지를 직접 찾다 보니 다양한 잡지들이 눈에 들어오는 거예요. 가장 놀란 게 러시아어로 된 구소련 잡지들이었어요. 한국전쟁 때 미군들이 구독하던 거라고 하더라고요. 미군 기지에는 일반 군인뿐만 아니라 의사도 있고 과학자도 있었겠죠? 아마도 그들을 위한 병영 도서관이 있었던 게 아닐까 싶어요. 그게 그대로 남아 있었던 거죠. 나름대로 제가 잘 찾아서 (웃음) 정말 다양한 잡지를 만날 수 있었습니다.

독일에서의 도서관 경험은 또 달랐어요. 독일 도서관에서는 어떤 자료를 요청하면, 직원들이 귀찮아하며 직접 찾으라고 해요. 서고에 들어가보니 왜 그런지 바로 알겠더라고요. 잡지가 너무 많았어요!

이용훈   이용자가 필요한 자료를 찾도록 정리된 목록이나 색인 같은 것이 있었을 텐데요?

이정모   일단 서고의 규모가 엄청났어요. 높은 층고에 책들이 꽉 차 있어서 엘리베이터 비슷한 걸 타고 오르내리곤 했죠. 옛날 잡지들, 1950년대 이전에 나온 〈타임스〉 같은 잡지까지 촘촘하게 꽂혀 있더라고요. 그래서 목록이 있어도 찾는 게 꽤 번거로운 작업이 아니었을까 싶어요. 그걸 보면서 결국 우리에게 남는 건 잡지일 수도 있다는 생각이 들었어요. 잡지는 그 시대를 고스란히 반영하잖아요. 당대 사람들이 생각하는 것들을요. 예를 들어 〈사이언티픽 아메리칸〉이 어떤 주제를 다뤘어요. 그런데 10년 단위로 그 주제를 같은 잡지에서 찾아보면 전혀 다르게 쓰여 있어요. 그러니까 10년 주기로 사람들의 생각이 어떻게 바뀌었는지, 서술 방식은 또 어떻게 달라졌는지 알 수 있는 거죠. 그 과정이 논문 쓸 때 선행 연구와 비슷해요.

    이권우 맞습니다. 잡지를 시대별로 비교하면서 읽으면, 지식이 어떻게 이어지고 발전되고 확장되어왔는지를 알 수 있죠. 잡지 이야기를 하느라 잠깐 딴 길로 샌 것 같은데, 이정모 선생이 독일에서 공부하면서 경험한 도서관 이야기를 좀 더 들어보고 싶네요.

그 많은 달력 책은 누가 찾아줬을까

    이정모 군이 하라고 하시니 (웃음) 제가 독일에서 다녔던 본대학교 화학과 도서관의 사서 이야기를 해볼까 합니다. 대학원생이 되면 학기 중 보름에 한 번꼴로 랩 미팅 때 발표를 해야 해서 평상시에 자료를 많이 찾아야 했어요. 당시 도서관 사서가 생화학 박사였어요. 사서 자격증이 있었는지는 모르겠지만, 제 생각으로는 학과 도서관마다 그 분야를 전공한 박사가 한 명씩 사서로 일했던 것 같아요. 도서관에 가서 책을 쌓아놓고 복사를 하고 있으면, 사서가 와서 뭘 하고 있는지 물어봐요. 그러고는 제게 필요한 책들을 찾아와서 보라고 권해주죠. 그다음부터는 아예 처음부터 사서에게 발표 주제를 이야기했어요. 그러면 또 친절하게 책을 찾아다주고 살펴보게 해줬어요. '이걸 보고 나서 발표하면 좋다' 하는 식이었죠. 그분은 자기에게 묻지 않으면 오히려 약간 기분 나빠하는 것 같았어요.

한번은 〈지오GEO〉라는 잡지에 실린, 달력에 관한 간단한 퀴즈를 틀렸는데 왜 틀렸는지 알고 싶어서 시립도서관에 찾아가 관련 도서들을 빌렸어요. 근데 책을 반납할 때마다 사서가 다른 거예요. 도대체 이곳에는 사서가 얼마나 많은 걸까 궁금했죠. 어쨌든 달력에 관한 책을 몇 번 빌렸더니, 사서들 사이에서 저에 대한 소문이 돌았나봐요. '저 아시아인이 달력에 관심이 많구나' 하고요.

그 후로 사서들이 제게 달력 관련 책을 계속 권하는 게 아니겠어요? 그 책을 읽었으면 이제 이 책을 읽어야 한다면서요. 사서가 여러 명이니 갈 때마다 또 다른 책을 찾아주기도 하고요. 이제 그만 읽어도 되겠다 싶은데도 이분들이 계속 책을 권하더라고요. 마침 추천받은 책의 글씨체가 중세에나 썼을 법한 장식체로 되어 있길래 이 글씨는 도저히 못 읽겠다며 돌려줬지요. 그러자 유럽에서 공부하려면 이런 책도 읽을 수 있어야 한다며 끈질기게 권하는 거예요. 글씨는 일주일만 연습하면 다 읽을 수 있다고요. 하하! 조금 연세가 있는 분이었는데 한 30분을 계속 권하더라고요. 어쩔 수 없이 또 받아 왔죠. 일주일 뒤에 그 책을 반납하면서 못 읽겠다고 하니까 그분이 책 내용을 타이핑해주겠다지 뭡니까. 이번에 타자로 쳐놓으면 다른 사람들도 읽을 수 있으니 부담 갖지 말라면서요. 알고 보니 독일의 도서관에서 원래 제공하던 서비스의 하나였더라고요. 빌린 책을 집으로 배송해주기도 하고요. 그야말로 아주 친절하게 이용자의 욕구를 충족시켜주는 거죠.

그러다 보니 달력에 대해 너무나 많은 것을 알게 되었고, 이걸 한번 정리해야겠다 싶어서 쓴 책이 《달력과 권력》이었어요. 제 첫 저서죠. 독일 본시립도서관의 사서들이 없었다면 그 책을 쓰지 못했을 겁니다.

이용훈　흥미로운 경험이네요. 이정모 선생이 이야기한 부분이 사실 도서관의 중요한 역할 중 하나입니다. 이용자가 찾는 것이 무엇이든 사서가 도서관 내부 또는 외부의 자원들을 조사해서 제공하는 일련의 과정을 '참고정보서비스'라고 합니다. 대학이나 연구소 도서관 같은 곳에서는 이러한 활동이 중심이지만, 우리나라 공공도서관에서는 잘 수행되지 않죠. 해외의 공공도서관에서는 자주 이런 서비스가 제공됩니다. 몇 년 전 우리나라에서도 상영된 적 있는 뉴욕공공도서관에 대한 다큐멘터리 영화 〈뉴욕 라이브러리에서Ex Libris: The New York Public Library〉의 첫 장면에, 전화로 이용자의 질문을 받고 그에 맞는 자료 등을 찾아 전달하는 사서들의 분주한 모습이 등장하지요. 뉴욕공공도서관이 집필한 《뉴욕도서관으로 온 엉뚱한 질문들》이란 책도 있고요.

이정모 선생이 사서에 대해서 언급했는데, 도서관을 이루는 3요소로 흔히 건물, 장서, 사람(사서)을 듭니다. 요즘은 여기에 '이용자'를 더해 도서관 4요소라고도 해요. 3요소든, 4요소든 가장 중요한 건 사람이에요. 시설이나 자료는 어떻게든 대체할 수 있는데, 사람은 그러기가 힘들거든요. 특히 사서의 역할이 중요하죠. '도서관은 사실 사서다', 이렇게까지 이야기할 수도 있어요. 사서의 능력이 곧 도서관의 역량이라고 할 수 있죠.

말이 나온 김에 사서에 대한 이야기를 더 해볼까요? 도서관을 다녀봤을 때 사서가 있고 없고, 또 어떤 사서가 있느냐에 따라 많은 차이를 느끼셨을 것 같은데요.

이정모　도서관에서 사서의 역할이 결정적인 건 맞아요. 본대학교 화학과 도서관 사서가 생화학 박사인 이유가 분명히 있거든요. 그곳 이용자들이 대부분 석·박사 과정을 밟고 있거나 교수인데, 아마도 문헌정보학을 전공한 분이 사서로 있었다면 큰 도움이 되진 못했을 것 같아요. 그런 전문 도서관에서는 전문 지식을 지닌 사서가 아무래도 더 큰 역할을 할 수 있겠죠.

조금 다른 이야기이긴 하지만, 사서에 대한 일반 시민들의 생각을 엿볼 수 있는 일화가 있어요. 경기도 고양시에 아람누리도서관이 있는데, 예전에 도서관 자유게시판에 '사서들이 일은 안 하고 책이나 보고 있다'는 글이 많았어요.

이용훈 　(웃음) 요즘도 사서들이 자주 듣는 말이에요.

이정모 　사서들이 책 보는 걸 두고 '일을 안 한다'며 비난하더라고요. 많은 사람들이 사서라고 하면 책을 정리하고 대출 업무를 하는 직업이라고 여기기 때문이겠죠. 그런데 제가 만난 독일의 사서들은 거의 하루 종일 책을 읽고 있었어요. 사람들을 상대하는 업무는 일부분이었고요.

또 독일에서 처음 접한 게 도서관에서의 행사였어요. 본 시립도서관에 레지던스가 있었는데 한 층에 작가들 방이 있고, 공동 비서와 공용 프린터뿐 아니라 커피 마시고 이야기를 나눌 만한 공유 공간도 있었죠. 보통 1~2년쯤 입주하는 조건이었던 것 같아요. 만일 그 기간에 책을 낼 경우 작가들은 해당 레지던스에 머물며 집필했다는 내용을 책에 명시해야 해요. 또 레지던스를 이용하는 동안 한 달에 한 번, 한 시간씩 낭독회를 하게 하더라고요. 작가가 한 시간 동안 자기 작품을 쭉 읽는 행사예요. 저도 참석한 적이 있는데 무척 좋은 경험이었어요. 정해진 분량이 있는 것도 아니고, 작가가 낭독하다가 '시간이 다 됐네요' 하면 그냥 끝나는 거죠.

한국에 있을 때는 도서관이 혼자 공부하는 곳이었는데, 독일에서는 제게 필요한 책을 잘 골라주고 좋은 책을 큐레이션해주는 곳, 작가를 만날 수 있는 곳이 되면서 이전까지 경험하지 못했던 새로운 세상을 맛보게 되었지요. 요즘에는 도서관에서 작가를 만나는 일이 흔한 일이 되었지만요.

이용훈 이정모 선생은 전 세계에서 통용되는 도서관이라는 보편적인 개념을 경험한 셈이군요. 개인이든 집단이든 도서관에 찾아와 필요한 것을 이야기하면, 도서관은 그저 자료와 정보를 건네는 데에 그치지 않고 인적 자원을 비롯한 외부의 여러 자원을 연결해줌으로써 문제를 풀어나가도록 도와야 하죠. 한마디로 이용자가 구체적 문제를 해결해나가도록 지원해주는 곳이 도서관이에요. 교과서에 나와 있는 도서관의 정의에 부합하는 것이기도 하고요.

하지만 한국의 도서관은 현실적으로 그렇지 못합니다. 초기에는 독서실이나 다름없었고, 2000년대 들어서면서 독서실 개념에서 약간 벗어났지만, 여전히 도서관 하면 그냥 책 빌려보는 곳 정도로 인식되고 있어요. 그러다 보니 우리나라 도서관에서는 사서들이 잘 드러나지 않지요. 공공도서관에서 시민들이 사서를 만나는 경우는 책을 대출하거나 반납할 때 정도예요. 대체로 무미건조하고 일시적인 관계 맺기로 끝나고 말죠. 사서들도 이용자를 적극적으로 응대하기보다는 그저 민원인으로 여기며 가급적 아무런 문제가 안 생기길 바라는 경향이 있습니다. 그러다 보니 최대한 객관적 거리를 두면서 가급적 부딪치지 않으려 하고요.

사실 사서들은 도서관에 들어온 책에 대해서 잘 알아야만 해요. 그래야 누구에게 그 책이 도움될지를 파악하고 필요한 사람이 있을 때 정확하고 신속하게 연결시킬 수 있죠. 그러니까 사서가 책을 읽고 있는 건 당연한 일인데도, 그걸 일 안 하고 책이나 본다고 지적하는 상황은 많이 아쉽습니다. 사서는 독서가 일이거든요. 시민들도 사서의 일을 너무 단순하게만 생각하지 않았으면 해요. 사서는 방대한 책과 자료를 보유한 도서관을 운용하는 전문가니까 필요한 것이 있으면 적극 도움을 요청해야

(ⓒpauline andan/unsplash)

"사서는 독서가 일이거든요.
시민이 도서관에서 사서를 불러주었을 때
비로소 사서는 진정한 '사서'가 되고
시민들에게 꽃이 될 수 있습니다."

합니다. 그러면 사서가 가진 지식과 도서관의 풍부한 내용을 보다 잘 활용할 수 있고, 궁극적으로 본인에게 큰 이익이 될 겁니다. 김춘수 시인의 〈꽃〉 중 가장 유명한 시구처럼, 시민이 도서관에서 사서를 불러주었을 때 비로소 사서는 진정한 '사서'가 되고 시민들에게 꽃이 될 수 있습니다.

이권우   이용훈 선생이랑 2003년에 서산시립도서관과 함께 '한 도시 한 책 읽기' 운동 시범 사업을 진행한 적이 있습니다. 지금은 팀장이지만 그 당시에는 현장에서 고군분투하던 사서 한 분이 있었지요. 모든 면에서 열악한 상황이었지만, 그분이 최선을 다해준 결과 서산시에서 사업이 성공적으로 펼쳐졌어요. 요즘 많은 도시에서 이 운동이 지속적으로 전개될 수 있도록 주춧돌을 세운 거죠.

    시범 사업 때 선정 도서 독서 토론이 열렸는데, 말 한마디 못 했던 학생이 있었어요. 제가 사회를 보았는데, 토론을 정리하면서 그 친구에게 하고 싶은 말을 자유롭게 해보라고 청했더니 수줍어하면서도 자기 의견을 이야기하더라고요. 나중에 들으니, 그 일을 계기로 책도 열심히 읽고 공부도 열심히 해서 의대에 진학했다고 합니다. 이 사업을 함께했던 분들이 흐뭇하고 보람되게 회상하는 대목이에요.

이정모 선생도 잘 아는 얘기인데, 고양시에 열정적인 사서가 있어요. 지금은 팀장급으로 관장 역할을 하지요. 이 친구가 관료적 안일주의에서 벗어나 고양시도서관을 혁신하려는 노력을 했어요. 작은도서관 운영자들과 교류하고, 고양시에 사는 인문학자나 문인과 소통하며 문화운동 차원에서 다양한 도서관 활동을 펼쳤지요. 물론 말단 사서가 아니고 당시에도 중견급 사서였으니 가능한 도전이었겠지만, 단 한 명의 사서가 의지를 품고 노력하면 도서관이 얼마나 크게 변화할 수 있는지 보여주었어요. 침체되었던 도서관이 활기를 띠며 시민이 찾고 사랑하는 도서관으로 탈바꿈했습니다. 주변의 많은 지식인이 함께해서 프로그램도 다양하고 풍성했지요. 두 사례를 볼라치면, 안 되는 일은 없습니다. 안 해서 그렇지.

우연한 발견, 그리고 장서의 힘

이용훈 우리나라에서 도서관에 대해 가장 널리 쓰이는 유명한 문구가 뭔지 아시나요? 바로 빌 게이츠의 "오늘날 나를 있게 한 것은 동네의 공공도서관이었다"입니다. 우리나라 한 신문기사(〈동아일보〉 1998년 1월 19일 자)에 소개되면서 마을도서관이니 작은도서관이니 하며 다양하게 변용되기도 했어요. 원문은 "Since I was a kid, libraries have played an important role in my life"라고 합니다. 도서관의 도움을 많이 받은 빌 게이츠는 추후 도서관에 적지 않은 재정 지원을 하지요. 그런 이야기가 맞물려서 이 문구가 우리나라에서 더 유명해진 건 아닌지 모르겠네요.

여러분에게도 빌 게이츠처럼 대답할 기회를 드릴게요. "나에게 도서관이란?" (웃음)

이권우 솔직히 말하면 책벌레이자 책 전문가로서 제게는 아쉽기도 한 공간이에요. 정작 제가 필요로 하는 책은 지역의 도서관에 거의 없더라고요.

이정모 뻔한 이야기일 수도 있지만, 제게 도서관은 지식 창고예요. 영국에 갔을 때 찰스 다윈 관련 자료를 찾아다닌 적이 있어요. 다윈이 비글호를 타고 출항한 곳이 영국 남부의 항구도시 플리머스였는데, 그곳에서 몇 달 살았다고 하더라고요. 그래서 저도 플리머스까지 갔어요. 시청에 가서 다윈이 지냈던 여관을 물었는데 모르겠다는 거예요. 그러면서 도서관에 가서 물어보라고 하더라고요. 그래서 도서관을 찾아갔지만 별다른 수확은 없었죠.

결과적으로는 아무것도 얻지 못했지만, 그때 '도서관에 가서 물어보라'던 시청 직원들의 말이 오래도록 기억에 남았어요. 그들은 도서관에는 관련 기록들이 다 있으리라고 생각했던 거죠. 그런 의미에서 도서관은 지식 창고라는 말이 가장 어울린다고 생각합니다.

이용훈 그렇죠. 지식 창고이자 보물 창고죠. 보물섬이라고 얘기하는 사람도 있고요

이명현 앞서 이야기했듯이 제게 도서관은 놀이터였어요. 놀이터라는 게 문턱 없이 드나드는 곳이잖아요. 도서관이 제겐 그랬어요. 내가 원하는 것도 있지만 그냥 거기 있는 것들, 신기하고 새로운 것들을 가지고 하루 종일 놀 수 있는 곳! 청소년기 도서관에서 문학작품들을 많이 읽었고, 대학생이 된 후에는 학교 도서관에서 과학잡지와 문학잡지를 섭렵했지요. 도서관에 잡지가 들어오는 날 딱 맞춰 가서 읽는 재미로 살았던 것 같아요.

저는 도서관에 대한 특별한 경험이 하나 있어요. 중학교 2학년 겨울방학 때 종로도서관에서 서울 시내 중학생들을 모아 한 달 동안 독서 캠프를 했어요. 저도 학교 대표로 뽑혀서 참가했지요. 월요일부터 토요일, 매일 오전 9시부터 오후 6시까지 책 읽고 토론하고 발표하는 밀도 높은 프로그램이었어요. 도중에

열린 문학 퀴즈 대회에서 제가 다니는 중학교가 우승했는데, 선배 형의 압도적인 활약 덕분이었어요. 저도 문제 몇 개를 맞춰서 우승에 살짝 기여했지요.

'한국문학', '일본문학', '동양문학', '세계문학' 이렇게 네 권으로 구성된 퀴즈 대회용 책을 사서 열심히 준비했어요. 작품명과 배경 설명, 지은이와 그에 관한 설명, 줄거리와 등장인물 분석 등이 잘 정리된 책인데, 저는 이 책을 외우다시피 했어요. 이 책에 언급된 문학작품들을 거의 읽지 않았음에도 마치 제가 모든 작품을 다 알고 있다는 착각에 빠졌지요. 추후 읽지 않은 책에 대해서 읽은 것처럼 말하는 제 지적 허영심에 대한 반성과 성찰이 이어지면서, 실제로 이 책의 목록에 있던 작품들을 하나씩 읽어나갔습니다. 결과적으로는 목차와 요약을 통해서 문학작품에 대한 전체적인 시각을 갖춘 후 해당 작품들을 하나하나 접하면서 체계적인 독서를 하게 된 셈이었지요.

독서 캠프 마지막 날에 학생들이 만든 〈햄릿〉을 공연했는데 저는 죽은 왕의 유령 역할을 맡아서 출연했습니다. 독서 캠프가 끝난 후 같이 연극을 올렸던 학생들을 중심으로 '징검다리'라는 이름의 독서 동아리를 만들었어요. 몇 년 동안 일요일 오전에 종로도서관에 모여서 사서 선생님과 함께 독서 모임을 이어갔습니다. 종로도서관을 마치 내 집처럼 드나들던 시절이었지요. 제 인생의 큰 분기점이었다고 생각합니다. 그곳이 도서관이었다는 사실이 무척 자랑스럽고요.

이권우　이명현 선생의 경험을 듣다 보니, 도서관이 한 개인을 르네상스적 지식인으로 키워내는 중요한 역할을 한다는 말이 생각나네요.

이명현　문학에 관심이 많다 보니 일반 문학잡지는 물론이고 시조잡지까지 찾아 읽었어요. 당시에는 어떤 지식을 얻겠다는 생각보다는 그냥 재미로 본 거죠. 계속 읽다 보니 저도 모르게 과학을 공부하면서도 자연스레 문학의 흐름을 따라갈 수 있었고요.

이용훈　도서관 관계자들과 자주 하는 이야기 중에 '우연한 발견'이라는 표현이 있어요. 도서관은 내가 갖고 있는 것, 내가 알고 있는 것보다 훨씬 범위가 넓잖아요. 일본의 사상가 우치다 다쓰루가 자신의 책 《도서관에는 사람이 없는 편이 좋다》에서 말했듯이, 도서관은 나의 무지를 깨닫게 하죠.

이권우　정말 도서관은 인간을 겸허하게 만들죠.

이용훈　도서관이라는 공간을 거닐다 보면 '우연'이 많이 작동해요. 제목에서, 목차에서, 잡지의 어느 페이지에서 말이에요. 그 속에서 우연히 새로운 것들을 알게 되고 또 새로운 곳으로 향할 수 있는 원동력을 얻기도 하고요. 개인적으로 사람들과 도서관에 대해서 이야기할 때면 종종 드라마 〈도깨비〉의 한 장면을 언급합니다. 주인공 둘이 어느 도서관에 들어가서 서가 사이 문을 열면 곧바로 다른 나라 공간으로 이동하거든요. 이처럼 도서관은 다른 세상으로 가는 문이지요.

이권우 '우연한 발견'이 가능하려면 책을 오래 보관해야 해요. 그런데 서점과 무엇이 다른지 구별하기 어렵게 변모해가는 요즘의 도서관 시스템에서는 본래의 '의도한 발견'조차 이루어질 수 없어요. 오래 축적된 책이 있어야 예기치 못한 놀라움과 발견이 더 자주 일어나는데 말이죠.

이정모 맞아요. 요즘 도서관에서 책을 너무 빨리 버려요!

이권우 제가 하고 싶은 이야기가 바로 그거예요. 2023년에 울산대학교 도서관이 장서 45만 권을 폐기한다고 발표해서 세상이 떠들썩했죠. 여기저기에서 문제가 제기되자 결국 27만 권으로 줄였다고 하더라고요. 린 마굴리스의 《공생자 행성》에 재미있는 이야기가 나와요. 마굴리스는 자신의 연구 결과가 한동안 무시되었거나 억압된 가설과 일치한다는 점을 발견했어요. 종種이라는 개념 자체가 공생을 전제로 하고, 공생이 진화적 새로움과 종의 기원을 이해하는 데 중요하다고 본 거예요. 그래서 마굴리스는 앞선 시대의 연구 업적을 찾는 작업을 합니다. 한때는 다 마이너했던 가설이죠. 이런 작업이 이루어지려면 그 모든 것이 기록으로 보관되어 있어야 해요. 책과 글, 논문 형태로 전부 기록되어야 가능한 일이죠.

그런데 지금 우리 도서관은 대체로 대형 서점과 큰 차이가 없어요. 장서만 봐도 구간은 거의 서점과 비슷한 수준이고, 신간은 많이 없고요. 도서관의 역할을 제대로 하기 힘든 상태예요. 앞에서도 강조했지만, 우연한 발견을 하려면 누적된 것들, 즉 지식의 축적이 필수입니다. 쌓인 게 있어야 그 속에서 경탄하고 새로운 것을 상상하고 새로운 가설을 세울 수 있죠. 그런 가설을 입증할 수 있는 근거 자료를 얻고자 사람들이 도서관을 찾을 때 비로소 도서관이 본래의 역할을 하는 거죠. 지식의 층위가 얄팍한 도서관에서 우연한 발견이 어떻게 이루어질 수 있겠어요. 그런 발견은 아무 때나 가능한 게 아니에요.

이명현 대학교 1학년 때 도서관에서 천문학 책을 하나 봤는데 제목이 'Modern Astronomy', 그러니까 '현대 천문학'이었어요. 그런데 그게 1800년대 말에 나온 책인 거예요. (웃음) 당시로서는 '현대'였겠죠. 일종의 교과서 같은 책이었어요. 그 책을 무

심코 가져와 봤는데, 그렇게 쌓여 있던 자료들을 통해 지금 교과서에 실린 내용의 단초가 되는 이야기들을 만난 거죠. 말 그대로 '우연한 발견'이었어요. 도서관의 기능에 대해 지금 우리가 이야기를 나누는 것도 굉장히 의미 있는 일이에요.

  이권우 무엇이든 지층이 두꺼워야 우연한 발견이 이루어지는 법이죠. 반석을 내리치니 물이 샘솟는 듯한 충격을 경험하는 것처럼요.

  이정모 그래서 도서관을 지하로 깊게 파야 해요. 수장고 역할을 해야 하니까. 독일 본대학교 중앙도서관은 라인강 옆에 있는데 층고가 엄청 높아요. 하지만 단층이에요. 들어가보면 커다란 창 앞에 테이블만 있어요. 테이블 위에 등이 하나씩 있고요. 책을 읽고 공부하는 곳이죠. 수장고는 지하에 있는데, 엘리베이터를 타고 왔다 갔다 하면서 책을 찾는 거죠. 무엇보다 아까도 이야기했듯이 중앙도서관 외에 학과별로 도서관이 따로 있고, 또 자연과학대 도서관처럼 단과대 도서관이 따로 있었어요.

  이권우 하버드대학교도 그렇더라고요.

  이용훈 하버드대학교에는 도서관이 90여 개가 있다고 합니다. 자신들을 스스로 도서관이자 기록보관소라고 하는데, 장서 수도 2000만 권이 넘는다고 하지요. 이 정도는 되어야 우연한 발견이 일상적으로 가능하지 않을까 싶습니다.

  이정모 저는 독일에서 공부할 때 자연과학대 도서관을 가장 좋아했어요. 자연과학대 도서관에서는 떠들 수 있었거든요. 기본적으로 시끄러운 곳이었죠. 왜냐하면 혼자 공부하는 사람이 없었어요. 여럿이 함께 이야기하면서 공부하는 거죠.

  물론 아쉬운 부분도 있었어요. 자연과학대 도서관은 4층으로 되어 있었는데, 가운데가 뻥 뚫려 있었어요. 들어가면 커다란 중앙 홀이 있고, 각 층에서 그 홀을 내려다볼 수 있게 설계되어 있었죠. 그런데 층별로 전공이 달랐어요. 물리학과 한 층, 화학과 한 층, 생명과학과 한 층, 지구과학과 한 층, 이런 식으로요. 그러다 보니 다른 학과의 책을 발견할 기회가 별로 없었어요. 화학 전공이면 계속 화학 코너에만 머물게 되니까요. 분야를 층별로 나누지 말고 각 층에 여러 분야를 모아놨으면 좀 더 어우러지고 섞이는 공간이 됐을 텐데요. 전문 도서관이라도 그런 식이라면 결국 이용자들이 특정 분야의 책만 보고, 다른 분야로 넘어가지 못하는 한계에 봉착할 수밖에 없어요.

  '부비에르'라고, 본대학교 본관 앞에 엄청 큰 서점이 있었거든요. 본관 건물 4분의 1 정도 되는 규모였던 것 같아요. 그곳의 서가 배치 방식이 인상적이었는데, 한 층이 자연과학 서적으

이권우

"무엇이든 지층이 두꺼워야
우연한 발견이 이루어지는 법이죠.
반석을 내리치니 물이 샘솟는 듯한
충격을 경험하는 것처럼요."

로 꽉 차 있었어요. 물리, 화학, 생명과학, 지구과학 책이 한 층에 섞여 있었죠. 그래서 어떤 책을 찾더라도 주변을 둘러보게 되더라고요. 물론 거기에도 사서가 상주하고 있어서 책은 잘 찾아주었어요.

이용훈 도서관이 우연한 발견이 가능한 곳, 지식의 보물창고가 되려면 일단 책과 자료가 많이 축적되어야 합니다. 앞서 다들 이야기하셨지만, 우리에게 필요한 지식이나 정보, 상상의 근거는 어디에서 튀어나올지 모르죠. 그러니 최대한 많이 축적해두는 것이 기본입니다.

그런데 우리나라에서 출간되는 모든 책을 납본으로 수집하고 있는 국립중앙도서관도 도서 등의 소장 자료가 이제 1500만 권 정도입니다. 서울대학교 도서관은 약 530만 권의 단행본을 보유하고 있고, 공공도서관 중에서는 가장 많은 장서를 소장한 도서관이 90만 권 정도이고요. 직지와 기록의 나라이자 현재는 출판 강국인 우리나라의 도서관 장서 역량이 다른 나라에 비해 크게 떨어지다니 아쉬운 일입니다.

도서관이 책을 충분히 소장하려면 충분한 공간과 함께 상당한 예산도 필요할 것입니다. 물론 부담이 크겠지만 우리나라 정도라면 이제 도전해볼 수 있지 않을까요? 최근 국립중앙도서관이 조선 시대 4대 사고 중 하나인 오대산사고 근처 평창에 1400만 점 정도를 소장할 수 있는 '국가문헌보존관'을 설립하고 있는데, 추진이 다소 주춤합니다. 정부가 더 적극적으로 나서면 좋겠습니다. 물론 몇몇 지역별로 자료 보존 중심의 대규모 도서관도 함께 있으면 더 좋겠지요.

아까 이권우 선생도 얘기했지만, 몇 년 전부터 일부 대학 도서관이나 공공도서관에서 장서를 버리는 일이 사회적으로 큰 이슈가 되었지요. 다행히 양산 통도사에서 이렇게 버려지는 책들을 받아주고 있는데, 벌써 70만여 권이나 모았다고 해요. 제주도의 탐라공화국에도 책을 모으는 곳이 있고요. 민간이 이렇게 나서고 있는데, 정부나 지방자치단체도 좀 더 적극적으로 공공적인 책임을 감당하면 좋을 것 같습니다. 무엇보다 시민들이 이런 문제에 대해 관심을 가져주시면 더 힘이 되지 않을까요?

인류 문명을 만든 지식의 아카이브

이명현 저는 도서관에 관련된 것 중 가장 인상 깊었던 것은 호르헤 루이스 보르헤스의 도서관이에요. 단편 〈바벨의 도서관〉에서 보르헤스는 궁극의 도서관을 말하잖아요. 거기에서는 도서관이 지닌 무한한 가능성을 몽환적으로 그렸다고 생각해요. 반면 과학자인 칼 세이건이 얘기하는 도서관은 매우 구체적이에요. 《코스모스》에도 여러 번 반복해서 이야기하고요, 그 전에 발표한 《에덴의 용》에서도 그가 도서관을 바라보는 관점을 엿볼 수 있어요.

지금과 같은 문명을 이루기까지 인간은 DNA에 갖가지 정보를 저장하면서 진화해왔잖아요. 그런데 진화를 해서 종이 바뀌는 방식은 긴 시간이 걸릴 수밖에 없단 말이에요. 그래서 신경이 한곳으로 집중되고 뇌가 발달하면서 뇌 속에 일련의 지식이 축적되는 과정이 생겼죠. 그 지식들을 교류할 수 있는 시간은 우리의 생명이 다할 때까지일 테고요. 따라서 인간은 축적한 지식을 보존하고 후대에까지 전하고자 신체 바깥에 일종의 지식 아카이브를 만들게 되는데, 그것이 도서관이라는 겁니다. DNA로부터 시작해서 정보의 저장을 통한 문명 건설 과정에 도서관이 중요한 역할을 했다고 보는 거죠. 그게 《에덴의 용》에 나오는 관점이거든요.

더 나아가 칼 세이건은 《코스모스》에서 '은하 대백과 사전'이라는 개념을 도입합니다. 칼 세이건이 처음 만든 건 아니고, SF에 간헐적으로 등장하던 개념이에요. 지구 바깥에 문명을 건설한 외계인이 있다면, 그들이 어떤 아카이브를 우주 공간에 만들어두었을 텐데 그걸 '은하 대백과 사전'이라고 가정하는 거죠. 일종의 궁극의 도서관처럼요. DNA부터 시작해 뇌를 거쳐 죽 이어지는 인류의 문명 발달 과정에서, 외부에 정보를 아카이빙할 수 있게 된 중요한 사건이 도서관의 출현이라고 보는 거예요. 시간적으로나 공간적으로 정보를 안정적이고 지속적으로 보관하고 공유할 수 있게 된, 인류 문명 발달 과정의 가장 중요한 요소로 도서관을 집어넣은 셈이죠. 도서관의 우주 버전이 '은하 대백과 사전'인 거예요.

《코스모스》에는 도서관이 여러 번 등장해요. 우선 1장에서는 알렉산드리아도서관 이야기를 길게 하면서 그것이 파괴된 데 대한 안타까움을 토로하죠. 7장 '밤하늘의 등뼈' 도입부를 보면 칼 세이건이 어렸을 때 브루클린도서관에 가서 처음 책을 접하는 장면이 나오고요. 12장은 아예 장 제목을 '은하 대백과 사전'이라고 짓고 이야기를 풀어나가죠. 언젠가 제가 《코스모스》로 강연 요청을 받았을 때 강연 제목을 '코스모스는 도서관'이라고 했던 적이 있어요. 여러 해 전에 국립중앙도서관에서 열린 전국도서관대회에서 진행한 강연도 떠오르네요. 《코스모스》의 관점에서 어떻게 세상을 이롭게 하고 발전시킬 수 있을지에 대해 여러 생각들이 있는데, 칼 세이건이 제안한 방법이 바로 "도서관에 기부해라"였거든요. 책에 딱 적시가 되어 있습니다.

지금까지 이야기한 것들이 도서관에 대한 새로운 입장으로 정리되면 좋겠다고 생각해요. 도서관이 단순히 지식의 보고에 그치지 않고, DNA부터 시작해서 지금까지 쭉 이어져오고 앞으로 우주까지 뻗어갈 인류 문명의 중간 기지 역할을 하는 거지요! 다시 말해 도서관은 인류 문명 전체에 걸쳐 굉장한 질적 변화를 가져오는, 임계 국면을 넘어선 진화적 대사건의 산물이라고 생각해요. '은하 대백과 사전' 구축 같은 장대한 인류의 꿈을 이루는 과정에서 도서관이 중간 기지 역할을 할 수 있어야 하고요.

그런 면에서 저는 도서관에 기부하는 것이 인류 문명을 발전시키는 가장 좋은 방법이라고 말하고 다녀요. 도서관이 사라져간다고 하지만, 사실은 역할이 변하는 거잖아요. 그래서 그 역할에 대한 논의를 조금 더 구체적으로 많이 하고 싶습니다.

이권우 도서관이 사라지고 있다는 건 맞는 말이죠.

이명현 그 또한 도서관의 역할이 여러 가지로 변하고 있음을 보여주는 방증이라고 생각해요. 그러니 역할의 변화를 아쉬워하지 말자는 거죠. 큰 흐름 속에서 보면 도서관이 가지고 있던 고유한 기능이 약해지고 또 없어져서 안타까울 수 있지만 그럴수록 새로운 역할을 발견해야 해요. 지금 도서관이 해야 할 일들을 좀 더 적극적으로 찾아가는 것이 우리가 도서관을 계속 간직하며 살아가는 길이 아닌가 싶어요.

이용훈 '축적'이 도서관을 말하는 중요한 키워드가 되었네요. 우리 인류는 언어를 만들고 글을 쓰고 책을 만들어 읽는 모든 과정을 통해 개인의 생각을 사회적 생각으로 확장해왔잖아요. 옛날에는 이런 것들이 아까 이야기한 이정모 선생의 책 제목처럼 '달력과 권력'이 아닌 '지식과 권력'이었죠. 그리고 그 권력은 한정되어 있었고요. 람세스 2세도 자기만의 도서관을 만들어 '영혼의 치유소'라고 부르며 통치와 휴식의 공간으로 활용했다고 하지요. 옛날에 지식은 전부 왕의 소유였어요. 왕의 것이라 백성에게는 공개하지도 않고, 왕 혼자 수시로 도서관을 드나들며 지식과 정보를 장악해 권력을 유지했죠. 한편으로는 대학이 설립되면서 부설로 도서관이 생겼지만, 이 역시 주로 소수의 학자 등만 이용하는 곳이었지요.

그러다가 인쇄 혁명과 17세기 시민혁명 등을 거치면서 지식이 대중화되기 시작했습니다. 1854년 미국 보스턴에 처음으로 무료 공공도서관이 문을 열면서, 누구나 자유롭게 책을 이

(ⓒjulio lopez/unsplash)

"《코스모스》의 칼 세이건이 말했죠.
세상을 이롭게 하려면 도서관에 기부하라고.
그만큼 도서관은 인류 문명 전체에 걸쳐
굉장한 질적 변화를 가져오는
진화적 대사건의 산물이에요."

용함으로써 지식을 확장해나갈 수 있게 돕는 공공도서관이 빠르게 시민들 곁에 자리 잡게 되었죠. 지식은 축적되어야 하고, 축적된 것은 누구에게나 평등하게 개방되어야 한다, 그러면서 공공도서관이 새로운 시대를 여는 중요한 사회적·문화적 기관이 되었습니다. 그런 근대적 의미의 공공도서관이 조선 시대 말 대한제국 시대를 거치면서 우리나라에도 들어오게 되었고요. 이제 공공의 영역으로 넘어간 도서관에 대해 좀 더 이야기해보겠습니다.

2부
———

도서관의
쓸모

"우리는 굉장히 오랫동안 '무상의 독자'를
'유상의 독자'로 전환하기 위해 노력해왔어요.
공공도서관에서 키워낸 독자가 지갑을 열 때
출판도 존재하는 거예요."

이용훈　세 분 모두 쉬는 시간에 SNS를 하시더군요. 디지털 시대가 되면서 정말 많은 정보를 인터넷에서 얻고 있지요. 인터넷을 통해 전 세계가 하나의 세상처럼 연결되어 있으니까요. 지식을 생산하고 공유하는 방식도 많이 달라졌고요. 그러다 보니 도서관 환경도 굉장히 많이 변했습니다. 1990년대 후반부터 도서관 업무에도 컴퓨터가 도입되었는데, 그동안 종이카드 방식으로 구축·유지되던 도서 목록이 데이터베이스 형태로 바뀌었죠. 목록 전산화와 검색 시스템 등이 도입되었고, 도서관 관리 업무도 전산화, 자동화 되기 시작했어요. 그 과정에서 종이카드 등 아날로그 방식은 현장에서 사라졌습니다. 한때 모든 지식과 정보를 컴퓨터를 통해 구할 수 있게 되리라며 전통적 형태의 도서관은 사라질 것이라는 주장이 힘을 얻기도 했지요. 그러나 운영 방식이나 자료 형태가 많이 변하긴 했어도, 도서관은 여전히 도서관으로 남아 있네요.

이처럼 도서관은 여전히 존재하고 또 변화하고 있습니다. 그래서 이번에는 지금 이 시대 '도서관의 쓸모'에 대해서 한번 이야기를 나누어보고 싶군요. 도서관은 이 시대에, 그리고 앞으로도 계속 쓸모가 있을까요?

이명현 우리가 예나 지금이나 동일하게 '도서관'이라고 칭하지만 그 말이 의미하는 바는 시대의 흐름과 함께 많이 달라졌습니다. 이용훈 선생이 다닌 도서관학과가 문헌정보학과로 바뀐 것처럼요. 과거의 도서관이 가장 중요하게 여겼던 부분은 아카이빙 기능이었어요. 세계 최초의 도서관으로 알려진 알렉산드리아 도서관은 온갖 자료를 빼앗다시피 가져가는 걸로 유명했죠.

이정모 정확히는 원본은 도서관에 보관하고 필사본으로 돌려주었죠.

이명현 맞아요. 그만큼 어떻게든 지식을 모아두는 게 가장 중요했어요. 그런 시절을 지난 다음에는 지식이 정보의 개념으로 자리 잡으면서, 도서관에 모아놓은 지식을 사람들이 '이용'하는 일이 중요해졌지요. 도서관이 단순한 아카이브의 개념을

이명현

넘어 정보를 이용하고 지식을 공유하는 공간으로 변하기 시작한 때가 20세기 중반 이후라고 생각해요. 이때부터 컴퓨터가 보급되고 정보 관련 기술이 발전하면서 정보의 생산과 이에 대한 접근 방식이 급격히 바뀌었습니다. 인터넷의 출현은 정보의 양과 이에 대한 접근성을 기하급수적으로 증가시켰죠.

정보와 지식에 대한 접근이 중요하게 여겨지면서 도서관이 단순히 책과 자료를 보관하는 공간이 아닌 공공 정보 유통 공간으로 변하게 되었어요. 그저 책을 대여하는 공간이 아닌 만남의 장소인 동시에 다양한 프로그램과 행사 등을 통해 사회와의 유대를 강화하는 공간으로 발전한 거죠. 또 도서관은 학생들과 일반 대중 모두에게 교육 자원을 제공하며 평생학습을 지원하는 역할도 하게 되었습니다. 이러한 시대적 변화가 도서관이 정보 보관소에 머물지 않고 지식의 허브로 진화하도록 만든 중요한 계기이자 요소죠.

오늘날에 와서는 도서관이 지식을 보존하고 정보를 퍼뜨리는 공간이기도 하지만, 한편으로는 사람들이 물리적으로 부대끼며 네트워크를 형성해 교류하고 때로는 사회를 바꿀 동력을 키워내는 공간으로도 작용했습니다. 그런데 최근에는 이 두 번째 효용이 거의 사라진 것 같아요. 그러다 보니 도서관이 존재해야 하는 이유도 다소 궁색해졌고요.

정보의 수집과 보존이 대부분 디지털화되고, 언제 어디에서나 온라인으로 접속이 가능해진 시대잖아요. 이 때문인지 강연 같은 대면 모임에 대한 의미도 많이 달라졌고요. 특히 코로나 팬데믹 시절을 겪으면서 사람들이 꼭 모든 일을 만나서 해야 하는지 의문을 가지게 됐단 말이에요. 그러면서 자료의 수집·보관이라는 부분, 네트워크 형성이라는 부분을 토대로 도서관의 가치를 지키자는 말이 공허해졌죠. 그래서 도서관의 의미와 가치를 다시 정립해야 할 때라고 생각합니다.

물론 아카이빙의 측면에서 도서관의 기능은 여전히 중요합니다. 물성을 가진 아카이브를 어떻게 효율적으로 모아서 중복 없이 보관할지를 계속 고민해야 하죠. 그런 면에서 도서관이 본래 지닌 가장 중요한 역할을 일부 포기해야 하는, 다시 말해 재정비를 해야 하는 시기가 왔어요. 도서관의 자료 수집 기능을 완전히 포기하자는 말이 아닙니다. 같은 자료를 여러 곳에서 보관하기보다는 도서관마다 역할을 나눠서 효율적으로 아카이빙을 하자는 뜻이죠. 그렇게 생기는 여력의 공간에 도서관의 새로운 역할이 들어가게 하고요.

무엇보다 사람들을 모으는 일에 더 적극적으로 뛰어들어

야 해요. 과거 오프라인에서만 할 수 있었던 일들을 지금은 온라인에서 거의 다 할 수 있잖아요. 그러니 왜 구태여 도서관까지 와야 하는지를 납득시킬 필요가 있어요.

나아가 인간뿐 아니라 인공지능에게도 정보와 네트워크를 제공하는 것을 목표로 해야 한다고 생각합니다. 고급 정보나 밀도 있는 텍스트, 즉 책 같은 데이터로 학습한 인공지능이 내놓은 결과를 살펴봤더니, 그렇지 않은 인공지능보다 결과의 밀도가 훨씬 높았다는 연구들이 있습니다. 인공지능의 교육에도 독서가 매우 중요한 역할을 하는 거죠. 이를 통해 독서 자체에 엄청난 경쟁력이 있다는 사실을 일깨울 수 있지 않을까요.

이권우　인공지능 때문에 독서의 중요성을 깨닫는다니!

이용훈　이명현 선생 이야기를 듣다 보니 생각나는 것이 있네요. 지금 시대에 중요한 것 중 하나가 구글 북스 같은 디지털 라이브러리잖아요. 구글이 2004년부터 전 세계 도서관들과 협력해 도서관 소장 도서와 자료를 디지털 자료로 만들고 목록을 정리한 후, 누구나 지구적 차원에서 필요한 책과 자료를 이용하도록 만든 프로젝트지요. 그 과정에서 저자나 출판업자들과 저작권 문제로 갈등도 있었지만, 프로젝트는 계속 진행 중입니다. 2018년 기준으로 전 세계 60여 개 도서관과 다수의 파트너가 참여하고 있고, 2019년 기준 4000만 권 이상의 책을 디지털화했다고 합니다. 2018년 연세대학교 도서관도 동참했고요. 비슷하게 국내에서도 1999년 우리나라 SF 고전을 전산화하는 직지 프로젝트가 진행된 적이 있습니다.

국립중앙도서관 등 일부 도서관이 직접 소장 자료를 디지털 매체로 전환하는 작업을 꾸준히 하고 있기는 합니다. 이건 굉장히 중요한 이슈예요. 지금 시대에 맞게 디지털화가 잘 이루어져야 앞에서 이야기한 일들도 가능하죠. 새 책이나 자료 등은 디지털 형태로 생산되고 있지만, 이전 책 등은 디지털로 전환하는 데 많은 기술과 자원이 필요합니다. 우리 사회가 이 부분에 관심을 가지고 적극 투자해야 하는데 아직까지는 그렇지 못해 아쉽습니다.

아무튼 디지털화 작업에 대한 논의는 지금 시점에 매우 중요한 일이죠. 인공지능 시대에 독서의 중요성이 더욱 강조되고 있습니다. 책은 정확성, 사실성, 이론, 논리적 일관성 등에 바탕을 둔, 가장 신뢰할 수 있는 콘텐츠이기 때문이죠. 도서관 장서는 수많은 책 가운데 엄선해서 모아둔 지식과 정보의 정수고요. 그런 점에서 도서관을 만들고 운영하는 방식은 계속 변하겠지만 어느 시대, 누구든 차별 없이 지식과 정보 등을 이용할 수 있도록 공적 서비스를 제공한다는 의미에서 도서관은 여전히 쓸모가 있다고 말할 수 있지 않을까요?

이정모　앞에서 이권우 선생이 울산대학교 도서관의 장서 폐기를 잠깐 언급했는데, 사실 다른 곳도 사정은 마찬가지예요. 어느 정도는 이해가 되거든요. 학교들이 책을 더 쌓아둘 데가 없어요. 정리하고 보관할 장소가 부족한 거죠. 방법은 디지털화뿐인데, 디지털화 작업을 각자 진행하려니 돈도 시간도 많이 들잖아요. 이 문제를 해결하려면 국가나 중앙 기관에서 우선순위에 따라 필요한 자료부터 디지털화하는 과정이 진행되어야 할 것 같아요.

　모든 자료를 디지털화했을 때의 문제는 검색으로만 찾을 수 있다는 점인데, 그렇게 되면 '우연한 발견'이 어렵다는 아쉬움이 있죠. 예전에는 영어 공부할 때 두툼한 사전이 필수였어요. 사전에서 궁금한 단어를 찾으면서 그 위아래에 있는 단어도 자연스럽게 접했죠. 나도 모르게 여러 단어들을 알게 된 거예요. 그런데 온라인으로 검색하면 원하는 단어 딱 그것만 보여주죠. 당장 필요로 하는 지식 외에는 만날 수가 없어요.

　한마디로 지식의 습득 속도는 빨라졌을지 몰라도 지식을 확장시키기는 어려운 시대가 됐어요. 그런 점에서 디지털화 작업도 다방면에서 고민할 필요가 있습니다.

아카이빙 방식에 있어서는 구글 북스 라이브러리 프로젝트나 직지 프로젝트 같은 것을 한국도서관협회나 국립중앙도서관에서 주도해야 한다고 생각해요. 합의를 통해 초판 출간일 기준으로 일정 기간이 지나면 중앙도서관에서 디지털화하는 식으로요. 과거의 자료들을 디지털화하는 데는 시간이 소요되겠지만, 요즘 나오는 책들은 출간과 동시에 디지털화가 가능하잖아요. 그러니 이제는 어떻게 정리하고 무엇을 통일할지 등을 생각해봐야죠.

숫자 너머에 가려진 것들

이권우 2024년에 경기도 고양시가 공립작은도서관을 다섯 곳이나 폐관한다고 해서 시민과 함께 반대 운동에 참여한 적이 있어요. 이때 시에서 내세운 폐관 이유가 바로 효율성이거든요. 공립작은도서관은 시에서 운영비를 지원하는데 들어가는 돈에 비해 효율성이 떨어진다는 주장이었죠. 그러면서 다른 대형 공공도서관과 거리가 얼마나 떨어져 있고 하는 식의 논리를 앵무새처럼 되풀이하더라고요. 다시 한번 느꼈지만 공공 영역에 있는 사람들이 효율성을 앞세우는 순간, 답이 없어요.

이정모　효율성이라! 효율성은 대개 숫자로 나타나는 거잖아요. 수지 타산 같은.

이용훈　도서관의 경우에는 주로 이용자 수, 도서 대출 건수 등으로 효율성을 따집니다.

이정모　애초에 효율성을 따질 거면 공공 영역에서 할 이유가 없죠. 다른 민간 기관에서 할 테니까요. 효율성은 조금 떨어져도 꼭 필요한 인프라이니까 공공 영역에서 맡는 거잖아요. 초등학교, 중학교, 고등학교를 왜 공공 영역에서 관할하겠습니까. 교육이라는 공공재를 장사하듯 사고팔면 안 되기 때문이잖아요.

이권우　지금 도서관을 위협하는 요소는 기본적으로 독서 인구의 감소와 경제적 효율성의 강조예요. 한국의 도서관 역사를 살펴보면, 내부의 혁신으로 발전했다기보다는 독서의 가치를 중요시하고 문화 공동체를 통해 새로운 사회를 꿈꾸는 외부의 문화운동이 도서관을 키워냈어요. 하지만 외부 동력이 도서관을 지원하는 힘은 갈수록 약해질 수밖에 없어요. 결국 도서관이 스스로를 지키려면 무엇보다 효율성의 논리에 맞설 수 있는 공공성의 철학이 반드시 필요합니다. 특히 공공성의 철학을 지키는

(공무원) 사서가 있어야만 도서관을 지킬 수 있죠. 그런데 공립작은도서관 폐관 과정에서 도서관에 주어진 시대적 소명의식이 없거나 이를 무시하는 일부 (공무원) 사서가 있다는 점을 확인하게 되어 매우 안타까웠습니다. 이러면 도서관은 망해요.

고양시에서의 경험을 일반화할 수는 없지만, 만약에 도서관이 공공성의 철학에 동의하지 않는다면 참담한 결과가 예상됩니다. 그런 도서관은 깨어 있는 시민이 절대 도와주지 않을 테니까요.

이용훈 뼈아픈 지적이네요. 어려운 문제이기도 하고요. 그렇다고 내부적 혁신이 없었던 건 아닙니다. 잘 알려지지 않았지만 1980~1990년대 폐가제로 운영되던 서가를 개가제로 바꾸거나 공공도서관 입관료를 폐지한 일은 엄대섭 선생 같은 분들의 도서관 운동이 있었기 때문에 가능했죠. 엄 선생님이 1960~1970년대 전국적으로 전개했던 마을문고 운동은 오늘날 작은도서관의 시초가 되었습니다. 지금도 현장에서 도서관 혁신을 위해 노력하는 사서들이 많습니다. 다만 직업적 신분이라든가 제도적 한계 때문에 시민들 입장에서는 부족해 보일 수 있겠지만요.

아까 이정모 선생도 이야기했지만, 효율성을 따질 거면

공공도서관이 아니라 상업적 공간에서 하면 되겠죠. 도서관은 효율성보다 효과성을 따져야 합니다. 우리가 왜 도서관을 운영해야 하는지가 도서관법에도 나와 있거든요. 도서관법 제1조는 "도서관 지식정보에 관한 국민의 알 권리 보장과 국가 및 지방자치단체의 책임 등을 정하고 도서관의 운영과 서비스, 사회적 역할에 관한 기본적 사항을 규정함으로써 국가 및 사회의 문화발전에 기여함을 목적으로 한다"라고 법 제정의 목적, 즉 왜 국가나 지방자치단체가 세금으로 도서관을 설립하고 운영해야 하는지를 천명한 것입니다. 2022년 법을 바꾸면서는 아예 제2조를 새로 추가했는데, 그게 도서관의 기본이념을 확인하는 내용입니다. "국민의 자유롭고 평등한 접근과 이용을 위하여 도서관의 공공성과 공익성을 보장하는 것을 기본이념으로 한다"라고요. 여기에 효율 같은 개념은 없잖아요? 그럼에도 효율을 따지니 문제인 거죠. 효과를 중시해야 하는데 말이에요. 다만 효과를 확인하는 방법이나 내용도 중요합니다. 도서관과 사서들이 먼저 도서관의 본질과 목적을 얼마나 효과적으로 구현하고 있는지를 살피고 증명하는 노력을 해야 하죠.

　　효율인가, 효과인가를 따질 때 시간적 기준이 되게 중요하거든요. 예를 들어 빌 게이츠는 어릴 때 도서관에서 거의 살다시피 했다고 해요. 지금의 빌 게이츠를 보면 분명 그 효과가 나타났다고 할 수 있죠. 도서관에서 보낸 시간이 어떤 결과를 낳는지를 확인하려면 10년, 20년, 30년의 세월이 필요한 거예요. 그런데 우리는 그 시간을 기다리지 못합니다. 고작 1년만 보는 거예요. 1년 동안 우리가 돈을 얼마 썼는데 얼마 벌었고 몇 명이 왔나 하는 식으로요. 이렇게 단편적인 잣대로 계량하며 효율이라는 말을 쓰죠. 효율과 효과를 추구하고 구현하는 일도 중요하지만 그것을 어떤 방식으로, 또 어느 정도의 기간을 두고 측정할지도 고려해야 해요. 독서실태를 조사할 때도 마찬가지고요.

이권우 우리 세대에는 독서하는 사람을 공공 영역에서 만들어내지 않았어요. 거의 모두 개인의 노력이었죠. 이제는 도서관이 교육과 문화 활동을 통해 독서하는 사람을 만들고 있지요. 만약에 도서관이 지금 맞닥뜨린 여러 상황으로 인해 위축된다면 사라지는 독서 인구를 건사할 수 있을까요? 그런 측면에서 도서관 문제는 상당히 비판적으로 바라봐야 할 필요가 있습니다.

이정모 1992년 독일에 처음 갔을 때 놀라웠던 부분이 도보로 공공도서관에 갈 수 있다는 거였어요. 꽤 큰 도서관들이 곳곳에 있더라고요. 당시 본 인구 25만 명 정도의 작은 도시였는

이용훈

"도서관에서 보낸 시간의 결과를 확인하려면
10년, 20년, 30년의 세월이 필요한 거예요."

데도 말이에요. '선진국은 이런 게 좋구나. 이런 곳에 살고 싶다' 라고 생각했죠.

2002년에 귀국해서 경기도 고양시에 살게 되었는데, 고양시도 걸어서 갈 수 있는 거리에 도서관이 있더라고요. '야! 우리나라도 선진국이 됐네' 하면서 좋아했어요. 그런데 이제는 효율이 떨어진다며 갑자기 도서관을 줄이겠다고 해요.

물론 효과와 효율은 모두 중요합니다. 그런데 정책가들은 효율을 위주로 이를 수치로 판단하고, 그걸 근거로 삼아 예산을 책정하니까요. 도서관의 효율, 또 효과를 어떤 식으로 평가하는 게 가장 바람직한지 고민하고 기준을 만들어야 하는데, 그것을 정부가 아니라 실제 운영하고 이용하는 사람들이 논의해야 하지 않을까요?

이용훈 중요한 말씀입니다. 실제로도 종종 도서관 이용자를 대상으로 효율성 평가를 시행하고 있고요. 한 가지 예로, 2012년 정부가 도서관에서 열리는 강좌나 서비스를 유료로 이용해야 한다면 얼마를 낼 용의가 있는지 조사한 적이 있어요. 그 결과를 실제 도서관 서비스 전체와 연결해서 도서관 서비스의 경제적 가치를 평가했죠. ROI, 즉 투자에 대한 수익률을 산정해본 건데 결과는 '3.66:1'로 추정했습니다. 즉 100원을 투자하면

366원의 경제적 가치를 얻는다고 할 수 있는 거죠. 효율성 평가에도 여러 방식이 있지만, 아무래도 경제적인 면으로 접근해야 잘 받아들이더라고요. 사실 이런 문제는 굉장히 정확하게 설득력 있는 방식을 찾아야 하죠.

어쨌든 도서관이 장서 확보와 보존을 넘어 다른 쓸모를 찾아야 한다는 지적이 공통으로 나온 것 같습니다. 이권우 선생 의견처럼 그 과정에서 사서를 포함한 도서관 내부의 의지와 개혁이 굉장히 중요하죠. 참, 얼마 전 강양구 기자가 〈출판N〉에 기고한 '도서관의 경제적 가치'라는 글에서 도서관의 정체성을 '무용함'과 '불온함'이라고 규정했던데요, 둘 다 경제적 효율과는 거리가 먼 개념이지요. 도서관과 사서들이 '무용함'의 '유용함'의 가치를 모두 증명할 수 있으면 좋겠습니다.

무상의 독자에서 유상의 독자로

이정모 연대도 필요해요. 사실 도서관은 이용자들에게만 좋은 곳이에요. 서점이나 출판사에서는 볼멘소리를 내기도 하죠. 어쨌거나 책을 팔아야 하는데, 도서관에서는 책을 사지 않아도 볼 수 있으니까요.

이용훈 이정모 선생 말씀을 들으니 이쯤에서 저자나 출판사 그리고 도서관계가 부딪치고 있는 '공공대출보상권' 문제를 이야기해봐야겠네요. 공공대출보상제는 도서관에서 책 대출로 인해 저작자(저자와 출판사 등)가 자신의 책을 판매할 기회를 잃어 손실이 발생했으리라 추정해 일부 손실을 보상해주는 제도라고 생각하면 되겠죠? 이미 30여 개 나라가 시행하고 있기도 하고, 우리나라는 2022년부터 본격적으로 도입이 논의되면서 논쟁이 진행 중입니다. 도서관의 쓸모를 작가나 출판사 관점에서도 살펴보는 일은 중요하지요.

이권우 전 이런 부분이 굉장히 위험하다고 생각해요. 도서관에서 대출되는 책에 대한 저작권료를 주어야 한다고 목소리를 높이는 저자나 출판사가 있다고는 들었어요. 저작권 수입이 피해를 보고 있다고 생각한다면, 오히려 인터넷서점이 주도하는 체인화한 중고서점에 가장 먼저 항의해야 하죠. 출간된 지 얼마 안 된 신간인데도 염가에 판매되고 있잖아요. 그런데 이와 관련해서는 일언반구 없는 저자나 출판사가 독서 인구를 늘리고 독서 문화를 지속하려는 공공 집단에 저작권료라는 상업적 대가를 요구한다니, 이것은 공공성의 철학이 없다는 의미예요.

저자, 출판사, 서점, 도서 관계자의 의견이 일치한 적이 있어요. 바로 도서정가제였죠. 2020년에 한강 작가가 도서정가제에 대해서 뭐라고 말했냐면, 도서정가제가 무너지면 "주로 작은 사람들, 출발선에 선 창작자들, 작은 플랫폼, 자본이나 상업성 너머를 고민하고 시도하는 사람들이 많은 것을 잃게 될 것"이라고 했어요. 박준 시인은 "신인이나 원로 작가나 인세가 동일하게 적용된다. 신인의 노력이든, 원로의 노력이든 동일한 문화적 가치로 여기기 때문"이라고 했어요. 그런데 만약 도서관에서 도서 대출 횟수에 따라 저작권료를 지급한다면 어떻게 되겠어요. 대출이 많이 되는 베스트셀러를 쓴 유명 작가가 훨씬 더 많은 돈을 가져갈 수밖에 없어요. 그러면 무명 작가를 지원하는 시스템도 무너지죠. 이게 무슨 뜻일까요? 시장에서 성공한 사람이 공공 영역에서도 성공한다는 거예요. 이미 시장에서 충분한 대가를 받고 있는데 공공에서 추가로 대가를 지급해주는 셈이죠.

공공 영역의 역할은 시장의 실패를 교정하는 것입니다. 즉 장기적인 측면에서 독자를 개발하고, 다양한 책을 수용함으로써 출판 생태계를 유지하고, 무명 저자의 집필 활동과 그 책을 내는 출판사를 보호하는 역할을 해야 하죠. 일본의 사상가 우치다 다쓰루가 쓴《도서관에는 사람이 없는 편이 좋다》에 보면 이런 말이 있어요.

"우리는 모두 '무상의 독자'로 긴 독서 인생을 시작합니다. 태어나서 처음 읽는 책은 독자로서 읽는 것이지 구매자로서 읽지 않습니다. 내가 태어나서 처음 읽었다고 해서 작가에게 어떤 인세 수입도 가져다주지 않지요. 이렇게 쭉 책을 계속 읽다 보면 어느 날 처음으로 용돈을 모아 책을 사는 날이 옵니다. 그러나 그날이 오기까지 몇백 권, 몇천 권의 책을 무료로 읽는 독자 인생을 걷지요. 이 '무상의 독자' 기간을 토대로 비로소 책을 구매하는 행위가 발생합니다."

우리는 굉장히 오랫동안 '무상의 독자'를 '유상의 독자'로 전환하기 위해 노력해왔어요. 그러니까 공공 영역에서 키워낸 독자가 비로소 시장에서 지갑을 열 때 출판도 존재하는 거죠. 그런 기본 철학도 없이 함부로 도서관에 저작권 이야기를 하면 안 돼요. 도서관은 전통적인 독서 문화를 만들어내는, '무상의 독자'가 '유상의 독자'로 거듭나도록 이끄는 시스템으로 남겨놔야죠. 이런 것들이 한국 사회에서 독서 인구를 늘려나가는 방법입니다. 마른 수건에서 한 방울의 물까지 짜내려 덤벼드는 순간, 오히려 독자는 사라질 수밖에 없어요.

이정모 그렇죠. 실제로는 대부분의 작가들이 도서관에

고마워해요. 어쨌든 책을 사주는 곳이잖아요.

이용훈 도서관의 쓸모에 대해 논의하다 보니 여기까지 왔네요. 요점은 도서관이 이전과는 다른 형태로라도 계속 그 쓸모를 찾아가야 한다는 것입니다. 무엇보다 이용자들이 도서관의 쓸모를 느끼도록 만드는 일이 중요하고요. 시민들이 도서관을 통해 서로 교류하고 자기에게 필요한 지식과 정보 자원을 활용할 수 있어야 하겠죠.

이권우 선생이 짚어주신 도서관의 또 다른 쓸모는 공공 영역으로서 지식의 생산, 유통, 보급 같은 일련의 과정을 책임진다는 것입니다. 그래야만 지나친 상업화로 인한 빈익빈 부익부 문제라든가, 다양성이 사라질 수 있는 문제들을 보완할 수 있다는 의견이죠. 동시에 무명 작가나 작은 출판사, 창작자가 상업적 분야에서 어느 정도 경쟁력을 갖출 수 있는 기반을 마련하는 역할도 해야 한다는 이야기였습니다. 그 와중에 공공대출보상권 문제가 언급되었고, 이권우 선생은 상당히 비판적인 관점이고요.

이정모 공공대출보상제의 취지는 좋아요. 그런데 그 보상금을 저자에게 주는 만큼 지자체나 정부에서 예산을 더 투자해서 새로운 책을 더 사야죠. 또는 어느 정도 대출 횟수가 차면 책을 새로 구입하는 방식이나, 도서관용으로 양장본을 따로 만들어서 정가를 더 높게 매기는 방식도 생각할 수 있겠고요.

이권우 제가 〈출판저널〉 기자일 때 흥미로운 기사가 소개된 적이 있어요. 영국에서 한 재단의 후원을 받아 공공대출보상제를 실험한 결과였어요. 예상한 대로 시장에서 성공한 책이 도서관에서도 가장 많이 대출되었죠. 앞서 언급했듯이, 공공도서관의 원래 목적인 시장 논리의 교정이 어려워진 거예요. 결국 공공 영역에서 할 일이 아니라고 판단해서 시행을 중단했답니다. 물론 현재 영국은 공공대출보상제를 실시합니다만. 제가 생각하는 대안도 도서관용 도서를 튼튼하게 양장본으로 만드는 거예요. 일차 독자를 공공 영역과 전문가로 보고, 가격을 높게 책정해 보상을 일시불로 주자는 이야기지요.

이용훈 동의해요. 이정모 선생이 잠깐 이야기했듯이 도서관용 책을 따로 만드는 거죠. 책을 출간할 때 하드커버(양장본)랑 소프트커버(무선제본) 두 가지로 내면 도서관은 하드커버를 사고요. 해외에서는 이미 이렇게 많이 하고 있어요.

이권우 영미권에서는 같은 책이라도 하드커버와 소프트커버의 저작권사가 다르기도 합니다. 당연히 가격도 다르고요. 도서관을 비롯한 전문가용으로 하드커버 책을 먼저 만들고, 어느 정도 시장이 확보되면 대중 독자용으로 소프트커버, 페이퍼백을 출간하죠.

　기본적으로 공공 영역에서 한 800부 정도를 소화할 수 있도록 시스템을 만들면 어떨까요. 여기에 들어가는 책은 하드커버로 제작해 가격을 올리고 정액제로 사게 하는 거죠. 시장에서 아직 주목받지 못한 저자도 똑같이 충분한 보상을 받을 수 있도록 하자는 이야기입니다. 시장의 성공이 곧 공공의 성공으로 연결된다면 잠재력 있는 작가를 지원할 수 있는 시스템이 무너져요.

쓸모 있는 책이란 무엇인가

　이용훈　조금 다른 이야기로 넘어가보겠습니다. 도서관에서는 '희망도서' 제도를 운영합니다. 사서가 나름 엄선해 책을 수집하지만, 그 과정에서 이용자가 필요한 책을 놓칠 수도 있지요. 희망도서 제도는 이용자 편의를 위해서 도서관이 소장하길 바라는 책을 추천하도록 한 것이라고 보면 됩니다. 도서관 운영에 이용자가 참여하도록 만든 방안이기도 하죠. 도서관 예산의 일정 부분이 여기에 투입됩니다.

희망도서는 이용자들이 어떤 책들을 주로 신청하느냐가 중요한데, 대부분은 개인이 지금 당장 보고 싶은 신간을 신청하지 않나요? 또 요즘에는 '희망도서 바로대출제'라고 해서 도서관에 없는 책을 서점에서 대출하는 방식으로도 운영하죠. 원하는 책을 서점에서 가져다 보고 추후 도서관에 반납하는 식이에요. 개인이 서점에서 산 책을 도서관에 가져오면 책값을 돌려주는 지자체도 있고요. 어찌 보면 개인의 필요를 어떻게 도서관이 감당하느냐 하는 부분과 연결되죠. 그런데 한편으로는 이런 개인적 필요가 마치 사회적 필요인 양 생각하고 공적 영역을 사적 용도로 이용하는 경우도 있어요.

이권우   맞아요. 주식이나 부동산 투자서처럼 사적인 필요를 위해 희망도서 제도를 이용한다는 지적도 있었죠.

이용훈   그래서 2023년 서울 동작도서관은 재테크 분야 희망도서 구입을 일시 중단해 화제가 되기도 했어요. 자꾸 이런 책들 위주로 희망도서 신청이 들어오니까 지식의 편중이 너무 심해지는 거죠. 앞에서 장서의 축적에 대해 이야기했지만, 도서관에서 책을 구입할 때는 이것이 많은 시민에게 두루 필요한지, 오래 소장할 만한 책인지를 고민해야 합니다. 공적 자원이 투입되니까요. 당장의 쓸모도 고려해야겠지만, 장기적 관점에서의 쓸모를 더 중시해야 하죠. 그런데 희망도서로 구입하는 책이 너무 많아지고 특정 분야에 치우치다 보니 장기적 관점의 축적이 어려워지는 경향이 있어요. 사실 도서관에서 이 부분에 대한 고민이 많습니다. 당장의 자기계발을 위한 책을 희망도서로 신청하는 것이나, 도서관에 와서 시험공부하는 것이나 비슷한 셈이죠. 공적 자원을 사유화한다는 점에서요.

이권우　맞아요. 고시 공부하는데 그걸 왜 공공기관이 도와줘야 하냐고요.

이용훈　희망도서제든 공공대출보상제든 도서관에서 실시하는 여러 제도들을 면밀하게 살펴야 합니다. 공적 자금, 즉 세금을 투입해서 운영하니까요. 도서관은 다수의 사람에게 다양한 필요를 제공할 의무가 있습니다. 자칫 몇몇 사람들의 사적 도구로 사유화되는 상황을 경계해야 하죠. 그런 것들에 대해서 도서관 관계자뿐 아니라 시민 공동체가 함께 논의해야 할 때라고 생각합니다.

　요즘에는 도서관이 운영하는 강좌가 많고, 참가하는 시민들도 많잖아요. 비단 이용만 하는 데 그치지 말고 도서관 문제에 대해서도 관심을 갖고 이야기해주면 좋겠어요. 시민들도 도서관의 주인이고 주권자고 또 이용자잖아요. 1년에 한두 번이라도 도서관 이용에 대해 고민을 나누는 시간이 있었으면 합니다. 저는 특히 이런 논의는 도서관을 세우는 과정에서 더욱 필요하다고 봐요. 도서관을 건립할 때 가장 중요한 부분이 입지와 규모, 비용인데, 이것이 개관 후 운영에까지 계속 영향을 미치거든요. 단순히 도서관이 우리 집 앞에 있어 좋다, 이렇게 넘어갈 일은 아닌 거죠.

공립작은도서관 문제도 이런 관점에서 공론화할 필요가 있어요. 우리에게 필요한 도서관을 어디에 어느 정도의 규모로 짓고 어떻게 운용할지 사회 구성원들이 함께 논의해야 할 때가 온 거죠.

이권우 원론적인 이야기를 하자면, 도서관 문제는 헌법과도 연결되어 있어요. 헌법 제1조가 "대한민국은 민주공화국이다"잖아요. 일제강점기부터 우리 민족의 해방을 꿈꾸게 한 동력이자, 해방 후 대한민국의 기본 골자가 민주공화국이었어요. 지금까지 헌법이 몇 차례 바뀌고 불행한 역사적 부침을 겪으면서도 한 번도 포기하지 않은 게 민주공화국이라는 모토입니다.

많은 사람이 '민주공화국'에서 무게중심을 '민주'에만 두는 경향이 있어요. '민주'는 한마디로 자유잖아요. 그만큼 우리의 역사가 독재와 억압으로 점철되어 있기 때문이죠. 그래서인지 우리는 아직도 '공화'에 대한 접근은 많이 하지 않은 상태예요. 저는 도서관 문제를 다룰 때 '공화'의 철학이야말로 엄청 중요하다고 생각해요. '공화국'이라는 말은 로마 시대 사상가 키케로가 사용한 라틴어 '레스 퍼블리카'에서 유래했는데, 키케로는 '공동체가 유지되기 위해서는 공공선을 위해 노력하는 시민적 덕성이 필요하다'고 얘기했어요. 그 표현에 굉장히 감동했습니다.

저는 도서관이 우리 사회의 '공화성'을 판별하는 리트머스시험지라고 생각합니다. 지금까지 우리가 말한 도서관의 위기를 극복하는 데는 무엇보다 공공성의 철학이 중요하고 또 필요해요. 이 나라가 그랬듯이 도서관 또한 민주주의뿐만 아니라 공화주의까지 아우르며 헌법 1조의 정신을 실현해야 한다는 생각입니다. '민주'와 '공화'의 철학을 가지고 도서관을 바라보면, 우리 사회가 공화성의 측면에서 굉장히 미성숙하다는 사실을 알 수 있어요. 이 미성숙함으로 인해 도서관이나 특정 문화 영역에서 취약성을 드러내고 있기도 하고요. 얼마 전에 어느 경제 신문 기자의 유튜브 영상을 봤는데, 섬네일 제목이 '서점의 나라 한국, 도서관의 나라 일본'이었어요. 그게 너무 상처가 되더라고요. 일본은 계속 도서관을 혁신하고 발전시키며 시민사회의 동의를 얻고 있는데, 한국의 도서관은 그렇지 못하니까 시민의 자발성과 창의성으로 서점이 활성화되고 있다는 뜻인 거죠.

다시 한번 공화성의 후퇴를 보는 느낌이었어요. 당연히 서점의 잘못은 아니잖아요. 도서관의 공화성이 약화되니까 시민들이 자발적으로 서점이라는 공간과 문화를 찾아서 그 부족함을 메워나가는 거라고 봐요.

이용훈　키케로 이야기가 나오니까 한마디 덧붙이고 싶네요. 키케로는 "당신이 정원과 서재를 가졌다면, 필요한 모든 것을 가진 것이다"라는 말을 했다고 하던데요. 개인 모두가 정원과 서재를 가질 수 없는 상황에서 공공적 관점으로 해석해보자면 정원은 '공원', 서재는 '도서관'이 아닐까요? 공공에서 좋은 공원과 도서관을 제공한다면 그걸 이용하는 모든 시민은 필요한 모든 것을 가졌다고 말할 수 있지 않을까요?

이명현　공공성에서 공화성까지 이야기가 흘러갔는데 저도 100퍼센트 동의해요. 결국 도서관 문제는 '책'이라는 텍스트, '정보'라는 콘텐츠와 긴밀하기 때문에 문화의 영역에서 다뤄져야 하거든요. 이제는 문화의 관점을 문화유산의 관점으로 옮겨야 한다는 생각이 들어요. 저는 예전과 동일한 형태의 도서관을 그대로 보존하면서 지켜야 한다는 의견에는 반대하거든요. 고전적인 가치를 내세우며 무작정 지키기보다는 더 전향적인 가치 체계를 만들면서 바꿔나가야 한다는 입장이죠. 공공성, 공화성, 민주성의 철학을 가지고 갈 수는 있지만, 이것들을 향유하기 위해서는 결국 문화로 정착되어야 한다고 생각해요.

더 나아가 문화 자체를 확장해서 문화유산이라는 개념을 도서관에 도입하면 지금 말한 것들도 함께 가져갈 수 있죠. 다시 말해 정체성을 일정 부분 지키는 동시에 또 바꾸면서 향유한다는 개념으로 나아가야 해요. 공정이나 공공성만 강조하다 보면 하나의 운동은 되겠지만, 지금 독립서점들이 그냥 버티면서 하는 식으로 그 열기나 영향이 시들해질 수 있기 때문이죠. 즉 문화유산이라고 하는 틀을 함께 씌워서 가야 하지 않을까, 그게 엄청 중요하다고 생각해요.

이정모 독립서점 이야기를 하니 덧붙이고 싶은 말이 있어요. 도서관이 유리한 위치에 있을 때 작은 서점을 돕는 구조가 되어야 한다고 생각해요. 도서관 예산으로 동네서점에서 강연을 연다든지 하는 식으로 도서관과 서점이 협력관계, 공생관계를 맺는 거죠.

보통 병원 앞에 약국이 있듯이, 도서관 앞에 서점이 있는 게 자연스러운 풍경이 되어야 해요. 도서관에서 책을 보다가 빌리기 어려운 책이나 갖고 싶은 책이 있으면 바로 서점에서 살 수

"저는 도서관이 우리 사회의 '공화성'을
판별하는 리트머스시험지라고 생각합니다.
도서관의 위기를 극복하는 데에는 무엇보다
공공의 철학이 중요하고 또 필요해요."

있도록 말이에요.

이권우 최근에는 그런 부분들을 강화하기 위해서 도서관 납품에 동네서점들이 많이 참여하고 있죠. 물론 도서관은 공공 영역에 있고 서점은 민간 영역, 상업적 영역에 있기 때문에 공생과 연대를 위해서는 굉장히 정교한 논의들이 필요해요. 그런데 우리 사회는 공론화 과정을 거의 생략하고 정치적·행정적 논리를 앞세우니 문제죠.

도서관에 가면 부자가 된다

이용훈 '공화'의 관점에서 도서관의 쓸모를 어떻게 확인할 수 있을지 생각하다 보면, 자연히 공간으로서의 중요성을 이야기하게 됩니다. 사람들이 많이 모이고 편히 누리는 공간이 되는 것 말이지요. 저는 앞으로 도서관 공간 활용은 복합문화공간의 방향으로 가야 한다고 생각합니다. 도서관에 다른 시설이 함께 들어서는 거죠. 2025년 영등포구에 새로 도서관이 개관하는데, 아예 이름부터가 '문화체육도서관'이에요. 저 또한 라이브러리library가 라이프러리lifrary로 변모해야 한다는 데 동의하는데요.

도서관이, 기존의 쓸모를 뛰어넘어서 일상의 더 다양하고 많은 활동을 영위할 수 있는 공간으로 거듭나야지요. 그리고 이런 복합화는 도시보다 지방에서 훨씬 중요하다고 생각합니다.

이정모 저도 공감해요. 과거에는 도서관의 주요 역할 중 하나가 공부하는 공간을 제공하는 것이었어요. 학습할 장소가 마땅치 않았으니까요. 요즘에는 비록 유료긴 하지만 스터디 카페처럼 공부할 수 있는 공간이 많고 다양해졌죠. 그러니 독서실로서의 역할은 줄어도 괜찮을 듯한데, 도서관에 가면 여전히 일반열람실이 상당히 많은 면적을 차지하고 있어요.

저는 공부를 위한 열람실을 없애야 한다고 생각합니다. 서울 서대문구에 있는 이진아기념도서관이 열람실 없는 도서관으로 시작했잖아요. 자료를 찾아 정리할 정도의 작은 책상만 두었죠. 그리고 토론하고 강의할 수 있는 곳이 있고요. 나머지 공간은 전부 개가식으로 운영해요. 이처럼 도서관 면적에 따른 공간 구성도 많이 바뀌어야 해요.

열람실은 한두 개 정도만 남겨두고, 나머지 공간은 다른 용도로 쓰면 좋겠어요. 실험실로 바꿀 수도 있죠. 요즘엔 과학관과 도서관이 분리되어 있는데, 두 곳 모두 지식을 다루거든요. 도서관에서 과학 실험도 하고 책도 보게 하는 거죠.

과거에는 책 자체를 성스럽게 여겨서 도서관이 고요해야 한다고 생각하는 사람이 많았어요. 최근엔 그렇지 않죠. 카페처럼 배경음악을 틀어주는 곳도 있고요.

이제 도서관도 책만 읽는 공간이 아니라 사람들이 모이는 장소가 되는 게 중요해요. 책은 엄청 많이 있으니, 책을 매개로 뭘 할 수 있을지 고민해봐야 하죠. 운동이 될 수도 있고요. 자기 몸을 예술로 보고, 내 몸에 관한 지식이든 예술에 관한 지식이든 직접 학습하고 또 체험할 수 있게 하는 거죠. 이런 식으로 도서관이 마을의 허브 역할을 하면서 발전해나가야 한다고 생각해요.

이권우   대형 쇼핑몰 안에 도서관이 있는 식으로 사람 많은 곳에 도서관을 들이밀어야 합니다. 예전에 갔던 강원도 인제군이 떠오르네요. '인제 가면 언제 오나' 하는 말이 있을 만큼 외진 곳에 있는 인제군을 다들 군사도시로만 아는데, 공립·사립 기념관이나 전시실 같은 문화시설이 제법 있어요. 언젠가 인제군 기적의도서관에서 강연이 있어서 그 일대를 쭉 돌아볼 기회가 있었는데, 일부 공간은 사람들의 발길이 닿지 않아 비어 있더라고요. 큰 규모에 인력도 투입되어 있는데 공간 활용이 제대로 안 되고 있는 거죠. 이런 공간을 어떻게 활용할 수 있을지 생각하다 보니 도서관의 역할이 보이더라고요. 앞으로 도서관은 지역의 복합문화공간으로 나아갈 가능성이 크다고 봐요. 지역의 여러 좋은 자원을 끌어오면 엄청난 시너지를 일으킬 수도 있고요.

이용훈 복합문화공간으로 변화했을 때, 도서관 입관료를 다시 받자는 주장에 대해서는 어떻게 생각하세요? 앞에서도 말했지만 현재 우리나라 공립·공공도서관은 입관료를 받지 않습니다. 국립중앙도서관이 1983년부터 입관료를 폐지했고, 전체적으로는 1991년 도서관진흥법시행령이 제정되면서 공립·공공도서관은 입관료를 받지 않게 되었죠. 도서관 운동가 엄대섭 선생 등 도서관계가 폐지를 적극 노력한 결과이지요. 그런데 최근 도서관이 경제적으로 어려운 상황이 되면서 공립도 사립처럼 입관료를 받자고 주장하는 분들이 있기도 합니다.

이권우 그렇게 되면 오히려 더 강력한 효율을 요구받을 거예요. 지금은 도서관이 무료니까 효과성을 얘기할 수 있지만, 돈을 받는 순간 수입과 지출이라는 개념이 생기잖아요. 그래서 공공도서관은 입관료를 받지 않는 것이기도 하고요. 그런데 몇몇 나라에서는 공공도서관에서 돈을 받기도 하더라고요. 사립도서관 중에는 일일 입관료를 몇만 원씩 받는 곳이 있어요. 용인의 느티나무도서관은 사립이지만 입관료를 받진 않고 후원금을 받고요.

이용훈　도서관의 쓸모라는 주제로 여러 논의와 이야기를 나누니 좋네요. 중요한 것은 공공도서관의 쓸모는 여전히 유효하고, 그 쓸모를 감당하기 위해서 도서관도 변화해야 한다는 거죠. 사회적인 공론화도 필요하고요. 도서관 구성원뿐만 아니라 이용자, 출판인, 저자, 독자, 그리고 도서관을 이용하지 않는 시민들도 도서관에 한마디씩 얹어야 한다고 생각해요. 왜냐하면 도서관을 찾지 않는 사람도 실은 도서관 운영에 돈을 대고 있거든요. 세금으로요. 어찌 보면 선불제 공공서비스라고 말할 수 있죠.

다른 공공서비스를 살펴보면 후불제도 많거든요. 예컨대 구청이나 공공기관에서 증명서를 발급받을 때처럼요. 도서관은 기본적으로 거의 모든 경우에 이용자가 돈을 내지 않는데, 한마디로 완전한 선불제인 거죠. 돈을 내고 안 쓰면 손해잖아요? 그러니 도서관을 이용하지 않으면 손해입니다. (웃음)

이권우　그러네요. 나만 손해지. 개개인이 모두 선불로 낸 세금으로 운영하니까요. 캐치프레이즈를 바꿔보면 어떨까요. 도서관을 이용하지 않으면 당신이 손해라고요.

이용훈　미국의 한 교포가 블로그에 쓴 글을 읽은 적이 있는데, 제목이 이거였어요. '도서관에 갔다 오면 부자가 된다.' 시민의 입장에서는 자신이 낸 세금으로 공공서비스를 잘 이용하면 만족을 느낄 뿐 아니라 경제적 이익을 얻었다고도 생각할 수 있는 거죠. 공공서비스의 또 다른 좋은 점은 공유를 통해서 효용을 무제한으로 확장할 수 있다는 점이잖아요. 우리 사회가 이러한 것들에 대해 같이 고민하고 논의해야 해요. 우리 동네에 도서관이 계속 있어야 하고, 이런 것들이 필요하다고 이야기해야죠.

이정모　이제 동네 도서관이 문 닫으면 화를 내야겠네요. '똑같이 세금 냈는데 왜 나는 그 서비스를 이용하기 힘드냐!' 하고요.

이용훈　맞아요. 기회비용과 매몰비용이라는 경제 용어가 있죠. 모두에게 기회를 균등하게 부여해야 하잖아요. 중앙정부나 지자체는 시민들에게 균등한 서비스를 제공해야 할 책임이 있어요. 그래서 도서관을 계속 짓고 있는 거예요. 이전에는 지역 격차가 있었거든요. 그런데 기존에 있던 도서관을 없앨 때는 그곳을 이용하던 사람들에게 공공서비스를 철회하는 상황에 대한 충분한 근거와 설득이 필요하죠. 시민들은 그 과정을 통해서 자신의 권리를 주장하고, 어떤 문제가 있을지 지적해야 하고요.

모든 곳에 모든 책이 있을 필요는 없다

이용훈 앞에서 잠깐 짚어본 아카이브 측면에서의 장서 문제, 그러니까 책을 계속 버리는 문제에 대해서 우리가 어떻게 대처하고 바꿔나갈 수 있을지 이야기해볼까요?

이권우 권역별이든, 관종별이든 기본적으로 공동 수장고 구축이 필요해요. 울산대학교 장서 폐기 논란이 일었을 때 울산대 교수들이 노력한 게, 폐기 대상으로 무작위로 분류된 45만 권 중에서 엄청나게 귀한 책들을 다신 살린 거잖아요. 단순히 숫자로만 따져서 1년에 몇 번이나 대출되느냐로 판단하면 이런 책들은 살릴 수 없었겠죠. 수장고가 있다면 상황이 달라지겠죠. 중복되는 책부터 폐기하면 되니까요.

결국 책 보존의 측면에서 수장고는 반드시 필요하다고 생각합니다. 그게 어렵다면 디지털 방식을 고민해야죠. PDF 파일 같은. 그런데 애초에 대학들이 책을 왜 그렇게 많이 갖고 있을까 싶었는데, 대학 평가 때문이라고 하더라고요.

이용훈 맞아요. 웃픈 이야기죠. 대학 평가 기준에 도서관의 장서 수가 들어가거든요. 숫자로 환산할 수 있으니까 계량하기가 좋잖아요. 이용자 수도 그렇고요. 그런데 평가를 앞두고 갑

자기 장서 수를 늘릴 수는 없잖아요. 돈이 있다고 해서 다 살 수 있는 것도 아니고요. 어떻게 했을까요? 저도 귀동냥으로 들은 얘기지만, 예전에는 청계천 헌책방에 가서 책장 통째로 구입해 가져오기도 했다더라고요. 숫자가 중요했으니까요.

이명현 지금까지 계속 얘기했지만, 우리는 방향을 알고 있잖아요. 집중해서 공동으로 관리하자, 디지털화하자. 이것도 결국 예산이 관건이겠네요.

이용훈 충남도서관의 경우엔 이미 공동보존자료관을 두어서 충남 지역 도서관의 귀중한 문헌들을 모아서 보관하고 있습니다. 사실 광역대표도서관에는 그런 기능이 부여되어 있어요. 그런데 수장고 규모가 워낙 작으니까 자기 것도 감당이 안 되는 거예요.

우리나라는 법적으로 국내에서 출간된 모든 책은 국립중앙도서관에 납본해야 해요. 납본제도를 시행하는 이유는 한 국가에서 생산된 모든 지적 자산을 한곳에 모으기 위해서죠. 다만 국립중앙도서관이 그걸 다 감당하긴 어려우니, 광역대표도서관 17곳에 할당했는데 잘 안 되고 있어요. 그래서 평창에 국가문헌보존관을 만들려고 하는 건데 예산 문제로 진척이 더디고요.

이권우 뉴욕의 공공도서관들은 정기적으로 시민들을 상

(©marcel strauss/unsplash)

대로 장서 일부를 저렴하게 팔잖아요. 책을 폐기하는 셈인데 그 기준이 뭘까요?

　　이용훈　기본적으로는 여러 권 보유한 책이나 베스트셀러가 되지 않을까요? 베스트셀러는 여러 권 구입하는 도서관도 꽤 있거든요. 베스트셀러는 분류도 하지 않다가 이용이 급격히 줄어들면 바로 서가에서 빼는 도서관도 있고요. 뉴욕의 공공도서관은 그런 책들을 그냥 처분하기보다는 시민들이 가져갈 기회를 주는 거라고 생각합니다.

　　이정모　제가 독일은 노인들도 걸어갈 만한 곳에 시립도서관이 있다고 말하곤 하는데, 실제 그 정도 거리는 아닐 수도 있거든요. 그래서 동네 교회나 성당에서 작은도서관을 운영하기도 해요. 종이에 연필로 이름이랑 연락처를 쓰고 책을 빌려가는데 반납하지 않는 경우도 많아요. 회원권이 있는 것도 아니고, 사실상 그냥 믿고 빌려주는 거죠. 거기도 1년에 한 번씩 책을 쫙 늘어놓고 헐값에 팔아요. 작은도서관에서 책을 그만큼 가지고 있을 필요는 없다고 생각하는 거죠.

　　제가 종종 이용했던 본대학교 화학과 도서관과 자연과학대 도서관도 1년에 한 번씩 책을 쌓아두고 팔았어요. 대학 교재를 새 책으로 사려면 수십만 원 할 정도로 비쌌는데 전 다 구매

했거든요? 그런데 독일 학생들은 책을 안 사더라고요. 왜 그런가 했더니 2~3년에 한 번씩 도서관에서 보관 중이던 책을 몇천 원에 팔더군요. 어떤 수업을 400명이 듣는다고 하면, 자연과학대 도서관에 관련 교재가 300권쯤 비치되어 있어요. 화학과 도서관에 또 80권쯤 있고요. 그러니 20여 명만 자기 돈 주고 산 셈이에요. 도서관은 이렇게 책을 팔고 그 자리에 다시 새로운 책을 사서 갖다놓았죠.

이권우 그런데 뉴욕의 공공도서관은 장서의 권수는 줄여도 종수를 줄이지는 않잖아요. 한국의 도서관들은 장서의 종수를 줄이고요.

이정모 조그마한 도서관은 종수도 줄여요.

이용훈 그래서 굉장히 정교한 시스템이 필요한 거예요. 하나의 도서관이 모두 감당할 수 있는 시스템이 아니니까요. 어떤 책이 내가 주로 다니는 도서관에 없어도 다른 도서관에서는 볼 수 있어야 해요. 상호대차 시스템이 바로 그런 거죠.

저는 도서관도 의료 전달 체계와 비슷하게 가야 한다고 생각해요. 우리가 보통 감기에 걸리면 동네의원부터 가잖아요. 그곳에서 진단을 받고 조금 더 정밀한 진료가 필요하면 의원이나 종합병원을 가고, 증상이 중하면 상급종합병원을 찾죠. 병원은 이렇게 체계화되어 있단 말이에요. 도서관도 그렇게 되어야 한다고 생각합니다.

도서관에서 가장 많이 대출되는 분야가 문학일 겁니다. 세대별로도 이용하는 책의 분야가 다르죠. 어르신 세대는 주로 건강, 역사 분야의 책들을 찾고 20~30대는 경제경영이나 육아, 여행 등의 분야에 관심이 있는 것으로 나타나기도 했습니다. 대출 기록을 보면 이용자들이 일상적으로 어떤 책들을 원하는지 알 수 있어요. 요즘 도서관에서는 책을 사거나 관리하는 데 '도서관정보나루'라는 빅데이터 시스템을 이용하고 있습니다. 지역 주민들이 자주 이용하는 책은 지역별로 주거지역에서 도보로 10분 이내에 있는 도서관에서 감당하고, 학술서 같은 책은 조금 더 큰 도서관을 이용하도록 하죠.

이권우 그렇죠.

이용훈 조금 더 큰 도서관은 그에 맞춰 체계를 갖춰야 하고요. 예를 들면 서울시 전체를 아우르는 도서관이나 광역대표도서관이라면, 베스트셀러 소설책은 안 사도 되지 않을까요? 그 대신에 1년에 한 번 누가 볼까 말까 하는 책, 또 3년에 한 번 볼까 말까 하지만 우리 사회에 꼭 필요한 책을 구비해두어야 하죠. 책값이 비싸거나 두께가 엄청나거나 고급 장정의 책이라서 부담이 큰 책들도요. 팝아트 화가 데이비드 호크니의 책같이 수백만 원이나 하는 책도 있지요. 이런 책들은 개인이 사기에는 너무 비싸니까, 큰 도서관에서 구매하여 이용자가 볼 수 있도록 하는 거죠. 의정부미술도서관에 호크니 책이 있더라고요. 이런 게 본디 도서관이 하는 역할인데 모든 도서관이 할 수는 없으니 체계를 두자는 말입니다.

한마디로 역할 분담이 필요합니다. 국공립도서관 관계자들이 모여 역할을 나누고 그에 맞춰 운영을 잘해나가야 하죠. 병원의 의료 전달 체계처럼, 동네 도서관을 가장 많이 이용하도록 집중시키는 거예요. 그다음은 지역의 큰 도서관, 대학 도서관이나 국립중앙도서관으로 옮겨가는 식으로요.

이정모 국가기록원처럼 수십 년 동안 한 번도 안 볼 것 같아도 보관해야 하는 문헌이 있잖아요. 모든 도서관이 모든 자료를 모아놓을 필요는 없죠. 이용훈 선생이 이야기한 것처럼 체계를 만들고 그에 맞게 자료를 갖추어야 해요.

이용훈 기본적으로 도서관들이 각기 따로 존재하지만, 어떤 면에서는 하나의 커다란 도서관이기도 하거든요. 병원처럼 도서관 등급을 서너 개 정도로 분류해서 역할을 분담하고, 이걸 기준으로 장소와 규모도 차별화해야죠. 그렇게 되면 지금의 작은도서관이 의원 같은 역할을 맡는 거예요. 앞에서 이야기했듯이 도서관을 짓기 전 입지와 규모를 정할 때 그런 것들을 전부 계산하고 고려해야 해요.

이권우 요즘엔 온라인으로 검색하면 원하는 책이 어느 도서관에 있는지 알 수 있으니 그 책이 있는 곳으로 가면 되죠. 심지어 다른 권역에서 택배로 빌려볼 수도 있더라고요.

이용훈 이처럼 여러 요구들을 도서관 운영에 반영하고 도서관 체계를 지역 단위로 재정비할 때가 되었다고 생각해요. 그래야 도서관의 쓸모도 확장해나갈 수 있고요. 각각의 쓸모, 전체의 쓸모로 정비해야죠. 그중 하나가 자료보존관이에요. 공간도 절약하면서 관리도 할 수 있죠. 책의 보존 기간은 늘리고요. 다만 한 도서관이나 자료보존관이 모든 걸 다 수집해서 보존·관리할 수는 없어요. 그래서 조선 시대 '4대 사고'처럼 적절하게 분산할 필요가 있습니다. 그래야 위험부담도 덜고요.

이권우 영화 분야에서는 자료 보존을 서너 군데에서 나눠 하는 걸로 아는데……. 재난 등의 위험을 고려하면 한곳에서 감당하기에는 어려움이 있죠.

이정모 한 자료를 여러 개의 클라우드에 올리는 것과 마찬가지죠.

이권우　책은 국립중앙도서관만 실물로 보관하고, 나머지 도서관은 디지털 파일로 보관해도 되겠네요.

이용훈　그런 논의도 많이 이뤄지고 있어요. 국내의 모든 자료들을 디지털화하는 게 가능하다고 할 때 실물 도서는 한두 군데에서만 갖고 있으면 되니까요.

산 책, 버린 책, 살릴 책

이용훈　지금까지 아카이브 구축에 대해 나눈 이야기의 결론은 '장서는 최대한 보존해야 한다'네요. 이를 위해 공동보존 서고가 필요하고, 그 전제 조건으로 각각의 도서관이 어떤 책을 얼마나 갖고 있을지 개별이 아닌 전체 도서관 차원에서 검토하고 체계화해야 하고요. 일상적으로 시민들이 많이 이용하는 도서관은 대중서와 신간을 중심으로 운영하고, 더 규모 있는 도서관은 장서의 분야와 깊이를 더하는 것으로요.

이정모　울산대학교 장서 폐기 같은 문제가 왜 생길까 다시 생각해봤어요. 어차피 책을 폐기할 수밖에 없다는 건 우리 모두 인정하잖아요. 그런데 도서관의 독단적인 폐기 결정을 대학

구성원들은 납득하지 못했죠. 뒤늦게 구성원들이 대상 도서들을 검토하면서 상황이 달라졌고, 이를 도서관에서도 납득했으니 처음 계획한 폐기 도서 중 절반 정도만 없애기로 결정되었겠죠. 그러니까 책을 폐기할 때에도 도서관 관계자, 이용자, 구성원이 모두 납득할 수 있는 기준이 필요한데, 그게 없었던 게 큰 문제였어요.

이권우   일반적으로는 도서관마다 폐기 도서 목록을 작성하면, 운영위원들이 검토해서 정하고 있어요.

이용훈   도서관에서는 '도서관 자료의 교환·이관·폐기 및 제적의 기준과 범위'을 기준으로 폐기 작업을 합니다. 첫 번째 기준이 이용 가치의 상실 여부입니다. 아마도 도서관에 오래 있었지만 이용되지 않는 책들이 해당되겠죠. 또 개정판이 나오면 구판도 이용 가치가 없어졌다고 할 수 있겠죠. 그렇게 도서관에서 이용 가치가 있느냐를 우선 따집니다. 그다음에는 '훼손, 파손 또는 오손', 즉 망가진 책이 폐기 대상이 됩니다. 폐기 가능한 도서의 비율도 정해져 있는데, 전체 장서의 7퍼센트 이상 폐기하지 못하게 되어 있습니다. 장서가 한꺼번에 사라지면 안 되니까요. 보통 공공도서관은 운영위원회를 두는데, 이 위원회가 자주 하는 일이 바로 폐기 도서 결정이에요. 그런데 모든 일에는 옆길이 있죠. 도서관장이 필요하다고 판단하면 그 이상도 폐기할 수는 있어요.

이권우　나름대로 저도 많은 책을 살렸어요. (웃음) 폐기 도서 목록을 보면 정말 어이없는 경우도 있어요. 이런 책을 왜 폐기하려 하는지 도대체 이해할 수가 없는 거죠.

이용훈　도서관 책은 공공의 자산이잖아요. 세금으로 산 거죠. 지금은 그렇지 않지만 예전에는 이게 다 도서관 자산으로 잡혀서 버리지도 못하게 했어요. 옛날에는 나라에 돈이 없었잖아요. 당연히 책도 없었죠. 책을 늘려야겠는데 돈이 부족해 많이 살 수 없으니, 공공의 자산으로 규정하여 버리기 어렵게 만든 거예요.

이권우　기억나요. 1970년대에 부산시립도서관에서 많은 책을 분실한 바람에 도서관장이 해임된 적도 있잖아요. 사비로 전부 변상하고요.

이용훈　그렇습니다. 책이 없어져서 사서가 변상을 한 적이 있어요. 공무원으로서 공공재산을 관리할 책임이 있다면서요. 사실 분실 도서를 직원이 사비로 변상하는 게 말이 안 되잖아요. 명확하게 개인의 책임이라고만 할 수 없으니까요.

2003년인가 충청남도 어느 도시에 도서관 관련 업무로 방문했는데, 그 시의 기획실장에게 평소 책이 얼마나 없어지는지 물었거든요. 돌아온 답이 시민이 가져간 거니까 괜찮다는 거예요. 도난방지기를 설치할 수도 있지만, 차라리 그 돈으로 책을 새로 산다고도 했죠.

이권우 멋있는 분이에요!

이용훈 어쨌든 장서를 관리하는 건 굉장히 어려워요. 미래에 어떤 책이 필요할지는 알 수 없잖아요. 지금까지는 한 번도 대출된 적 없는 책이라고 해도, 앞으로 필요해질지 아닐지는 아무도 모르죠. 가장 좋은 방법은 최대한 많은 책을 모아두는 거예요.

이제 그 역할을 국립중앙도서관이 일차적으로 하고, 이차적으로는 적어도 광역대표도서관에서 맡아야 해요. 대학은 또 대학 차원에서 시스템을 만들어서 실행해야죠. 대학에서 필요로 하는 장서는 성격이 또 많이 다르니까요. 그러려면 운영비가 필요해요. 관리하는 인력도 필요하고요. 그래서 어려운 거죠. 울산대학교 사건과 관련해 그해 국정감사에서 대학들이 책을 많이 버린다는 지적이 나왔는데, 이를 계기로 우리 사회가 장서 보존의 중요성을 느꼈으리라 생각하고 차차 시스템을 만들 거라고 봐요.

이권우　책을 버리기 시작하면 책을 안 사게 될 거예요. 책의 체계와 효용성이 떨어진다고 보기 때문이죠. 도서관의 장서 폐기 문제는 당연히 도서관의 역할에 관한 부분이지만, 독서 인구의 감소가 책을 과감하게 버리도록 만든 이유가 될 수도 있어요.

이정모　입법이 중요해요. 장서 보존이든, 수장고를 만들든 뭘 하려면 예산이 필요하잖아요. 그러니 도서관법도 개정해야 하고요. 아예 헌법에 '도서관 이용은 국민의 기본권'이라고 한 줄을 넣으면 어떨까요? 우리 헌법에 언론·출판의 자유에 관한 조항이 있으니, 그 옆에 한 줄을 넣는 거죠.

이용훈　그래야겠네요. 헌법에 넣읍시다! 교육의 의무처럼 도서관 이용의 의무를 넣는 거예요. (웃음)

이정모　모든 국민은 교육을 받을 권리가 있고 국가는 교육을 제공해야 할 의무가 있죠. 도서관도 마찬가지예요. 누구나 사는 곳 기준으로 반경 몇 킬로미터 내에서 도서관을 향유할 수 있어야 하죠. 지역별로 거리에 비례해 도서관을 배치해야 한다는 의미예요. 지금은 이와 관련된 법 규정이 있나요?

이용훈　국토교통부에서 정한 '기초생활인프라 국가적 최저 기준'이 있습니다. 2018년 말에 기준이 바뀌었는데, 1인당 시설 접근 소요 시간이 지역 거점 공공도서관은 차로 10분, 마을도서관은 도보로 10~15분 이렇게 되어 있어요. 그전까지는 인구수 3만 명당 지역 거점 도서관 하나, 이런 식이었어요.

이정모 이전 기준으로 치면 전라도는 두 개 군에 도서관 하나 정도 있는 셈이네요.

이용훈 말이 나온 김에 도서관과 관련한 법률 이야기를 조금 해볼까요. 도서관은 도서관법을 따릅니다. 이 법도 결국 헌법이 표방하는 국민의 권리와 국가의 의무 등을 고려해 만들어졌을 텐데, 헌법의 어떤 조항과 관련이 있을까 궁금할 때가 있어요. 이를테면 도서관법 가장 위에 '헌법 몇 조를 구현하기 위해 도서관법은 존재한다'라고 명시할 수도 있지 않을까 싶은 거죠.

이명현 과학은 헌법에 언급되어 있습니다. 헌법 제127조 1항에 "국가는 과학기술의 혁신과 정보 및 인력의 개발을 통하여 국민경제의 발전에 노력하여야 한다"라고 명시돼 있죠. 그런데 특이하게도 '경제' 분야로 분류되어 있어요. 한마디로 한국에서 과학을 하려면 헌법상 경제적 번영을 위해 힘써야 하죠.

이정모 방금 챗GPT한테 물어봤더니 도서관은 헌법 제31조 5항과 밀접한 관계가 있다고 하네요. 내용이 뭐냐 하면, "국가는 평생교육을 진흥하여야 한다"예요. 또 제10조 "모든 국민은 인간으로서의 존엄과 가치를 가지며, 행복을 추구할 권리를 가진다"도 관련이 있다네요. 제21조 언론·출판의 자유권과 제37조 1항에 언급된 국민의 기본권 보장과도 간접적 영향이 있다고 하고요. 챗GPT가 똑똑하네요. (웃음) 그러니까 도서관법은 평생교육권, 행복 추구권과 가장 밀접한 셈이네요.

이용훈　요즘 헌법에 대한 관심이 굉장히 높죠. 사실 권리라고 쓰여 있지만, 권리가 의무이기도 하잖아요. 즉 권리와 의무가 완전히 분리되는 건 아니죠. 도서관법도 헌법의 어떤 정신, 국민의 어떤 권리를 구현하고자 하는가를 명시할 필요가 있어요. 더불어 국민도 도서관을 제대로 이용할 의무가 있는지, 또 그것이 잘 운영되도록 도울 의무가 있는지 공론화하면 좋겠다는 생각이에요.

여기서 잠깐, 앞서 언급한 바 있는 도서관법 제2조 기본이념을 다시 생각해봤으면 합니다. 기본이념을 명시한 법률이 그리 많지는 않은데 이렇게 쓰여 있죠. "이 법은 도서관이 국민의 정보기본권 신장과 사회의 문화발전에 기여하여 지식문화 선진국을 창조하는 데 중요한 기반 시설 중의 하나임을 인식하고, 도서관의 가치가 사회 전반에 확산될 수 있도록 국가 및 지방자치단체가 그 역할을 다하며, 국민의 자유롭고 평등한 접근과 이용을 위하여 도서관의 공공성과 공익성을 보장하는 것을 기본이념으로 한다." 이러한 도서관의 기본이념을 많은 시민이 알면 좋겠어요.

이걸 보면 왜 국가나 지방자치단체 또는 학교들이 돈을 들여서 도서관을 운영하는지 유추할 수 있거든요. 시민들도 한 번쯤은 도서관을 이용할 권리, 그리고 의무에 대해 생각해봐야 해요. 결국 도서관도 세금으로 돌아가잖아요. 도서관이 우리에게 어떤 쓸모가 있는가, 어떤 효용이 있는가는 도서관이 왜 있어야 하는가를 묻는 데에서 시작해야 하지 않을까 싶습니다.

3부

AI 시대의 도서관

"인공지능 시대에는 메타인지가 굉장히 중요해요.
메타인지란 자기 앎에 대한 앎,
한마디로 무지無知에 대한 지知예요.
내가 무엇을 모르는지 알려면 독서가 필요하죠."

이용훈 이 자리에 과학자들도 계시니 이제 과학기술과 도서관에 관한 이야기를 해볼까 합니다. 기술의 발전은 많은 것을 가능하게 하고, 우리 생활에 끼치는 영향도 지대합니다. 도서관이라고 피해갈 수는 없겠죠. 현재 일부 도서관에서 쓰이는 기술 중 하나가 무선주파수식별Radio Frequency Identification, RFID 기술입니다. 태그에 저장된 정보를 무선으로 인식하는 기술인데, 이걸 이용해서 단순 반복 업무를 상당수 해결하고 있습니다.

무엇보다도 눈여겨볼 것은 인공지능이겠죠? 앞에서 이정모 선생이 챗GPT를 이용해 도서관법과 관련된 헌법 조항을 살피기도 했는데, 최근에 도서관을 크게 위협하는 요소로 독서 인구 감소와 더불어 이런 기술 변화가 꼽히기도 합니다. 기술은 과연 도서관과 사서에게 도움이 될까요, 아니면 위협이 될까요? 현장에는 여러 입장이 있습니다. 여러분은 어떻게 생각하시는지요?

　　이정모　지금 RFID로 가능한 건 도난방지 기능이 유일하지 않나요?

　　이용훈　아뇨, 책을 대출하고 반납할 때도 사용하죠. 바코드는 일일이 찍어야 하지만 RFID는 달라요. 예를 들어 책을 세 권 빌릴 때 바코드는 한 권씩 따로 찍어야 했다면, 지금은 세 권 다 RFID 리더기에 올려놓으면 한 번에 인식이 되죠. 그리고 주기적으로 책이 제자리에 있나 확인하는 일, 이걸 '장서 점검'이라고 하는데요. 상당히 어려운 일인데, 요즘은 RFID 기술을 이용해서 매우 빠르고 편하게 진행하고 있습니다. 로봇까지 동원해서 사서가 굳이 하나하나 살피지 않는 경우도 있고요.

　　이정모　여러모로 유용하군요. 인력이 더 생긴 거나 마찬가지네요. 하지만 그만큼 일자리가 줄어들진 않을까요.

　　이용훈　원래 도서관에 직원이 많은 편은 아니라서 당장 큰 영향이 있을 것 같지는 않습니다. 물론 나중엔 일자리를 늘리지 않거나, 기존 인력을 재배치하거나 배제하는 일이 생길 수 있겠죠. 하지만 기계가 생겼다고 해서 사람은 필요 없다고 여길 게 아니라 다른 일을 하도록 해야죠. 장서 구매와 관리, 서비스 업무에 더 집중할 수 있을 텐데, 무엇보다 시민을 상대하는 서비스에 사서들을 배치해야겠지요.

    기계를 도입하면 사람을 없애버리는 쪽으로, 즉 일자리를 줄이는 쪽으로 매번 흘러가니 문제예요. 그보다는 다른 일을 맡기면서 서비스를 늘리는 쪽으로 가야 하죠. 유럽에서는 '디지털 운행기록계'라는 걸 이용해서 운전자들의 휴식을 확실하게 보장하고, 안전 운전을 하도록 철저하게 관리한다고 해요. 운전자의 과로 운전을 예방해 궁극적으로 시민들의 안전을 보장하는 것이 목적이라고 합니다. 이처럼 기술은 궁극적으로 사람을 위한 것이어야 하지 않나요?

    이정모 핸들에 태코미터tachometer가 있어요. 그러니까 과속했는데, 지금 당장 안 걸렸다고 해도 소용없어요. 어차피 그 안에 속도가 다 찍혀 있거든요. 또 50분에 한 번 쉬었는지 안 쉬었는지도 나와 있고요. 나중에 경찰이 확인하고는 '당신, 그날 시속 80킬로미터를 넘어섰군요' 하고 잡아내죠.

    재미있는 게 유럽도 이제는 전기 버스가 다니잖아요. 버스 기사도 하루에 운전할 수 있는 시간(약 여덟 시간), 휴식 없이 운행할 수 있는 최대 시간(약 네 시간)이 정해져 있거든요. 버스는 계속 운행되어야 하니까, 운전을 네 시간 이상 하면 중간에 기사가 교대를 하죠. 그런데 가끔 나쁜 회사들이 있어요. 교대 후 바로 다른 버스를 운전하게 하는 회사요. 승객들은 새로운 기사가 운전한다고 생각하겠지만, 그 기사는 버스만 달라졌을 뿐 계속 운전하고 있는 거죠.

이명현 영국 에든버러에 갔을 때 비슷한 광경을 봤어요. 이정모 선생의 말처럼 버스가 가다가 딱 정차하고는 기사를 바꿔 운행하더라고요.

이용훈 기술은 인간을 더 편하고 잘살게 하는 데 쓰여야 하는데, 그걸 인간을 대체하는 개념으로 생각하는 경우가 많은 것 같아요.

이정모 도서관을 위협하는 기술을 이야기하려면 넷플릭스도 넣어야죠! (웃음)

이용훈 당연히 넷플릭스도 해당하죠. 사람들이 여가를 누리고 소비하는 방식이 매우 다양해지면서 독서 인구 감소에 영향을 미친 것이 사실이거든요. 유튜브도 그렇고요. 무엇보다 챗GPT 같은 인공지능의 수준이 나날이 정교해지는 것을 보면서 도서관 사람들도 많은 위기를 느끼고 있습니다. 이제 달에도 사람이 가지 않고 인공지능 로봇을 보내잖아요. 물론 인간이 직면할 위험을 피하기 위한 것이기도 하겠지만, 혹시 인간의 자리에 어떤 균열이나 위기가 시작되고 있지는 않은지 생각해볼 필요가 있겠습니다. 또 인터넷으로 거의 모든 정보에 접근할 수 있다 보니, 도서관이라는 물리적 장소나 실물 도서가 꼭 필요한가 하는 이야기들도 있어요. 전자책만 있으면 되는데 도서관 건물을 따로 지을 필요가 있냐는 의문이죠.

여러분은 이러한 시대의 변화가 도서관에 어떤 영향을 줄 거라고 생각하시는지 얘기해보면 좋겠습니다.

읽기보다 잇기가 중요하다

이권우　앞에서 이정모 선생이 사서가 책을 읽고 있으면 '사서들이 일을 하지 않는다'는 민원이 올라온다고 했죠. 저는 기술 변화로 '책 읽고 일 안 한다'에서 그 '일'에 해당하는 부분이 가장 빨리 없어질 듯해요. 대출 업무나 책 정리 업무 같은 것 말이에요. 한마디로 더 발전된 기술이 도입되면 사서들의 전문성 강화에 대한 요구가 더 높아지겠죠. 도서관 자체의 위기가 오리라고는 생각하지 않고요.

이정모　앞으로 AI가 어떻게 발전할지 모르겠어요. 근데 무엇이 중요한지는 이미 알고 있죠. 문제는 우리가 질문을 어떻게 하느냐잖아요. 질문을 던지기 위해서는 먼저 기본적인 배경지식을 갖고 있어야 해요. 그러려면 책을 봐야 하고요. 지금 우리가 과학관에 가는 이유도, 또 책을 읽는 이유도 전부 질문에 대한 답을 얻기 위해서잖아요. 그런데 계속 똑같이 하면 인공지능과 겨룰 수가 없어요. 인공지능은 인간보다 더 빠르고 점점 더 좋은 답을 내놓기 때문이죠. 미국에서 인공지능 학습 플랫폼이 유료 회원의 SAT 점수를 평균 94점 올렸다잖아요. 앞으로 두 세대 정도 발전을 거듭하면 아마 인공지능이 의사들보다 훨씬 더 정확한 진단을 내릴 수도 있어요.

이제 왜 책을 읽느냐에 집중해야 합니다. 단순히 지식만 얻기 위해서라면 굳이 책을 안 읽어도 되거든요. 과학만 하더라도 유튜브에서 꽤 많은 지식을 구할 수 있고요. 사람들이 과학을 어려워하니까 전 아예 유튜브 먼저 보고 책을 읽으라고 해요. 책보다 더 간결하게 지식을 알려주고, 또 최신 이야기도 많이 들려주니까요.

하지만 그런 지식을 갖추는 걸 요구하는 시대가 더는 아니거든요. 과거에는 채용할 때 학력을 중요하게 여겼어요. 명문대를 나오면 박사 학위 없이 교수가 될 수도 있었죠. 그러다가 어느 순간부터 경력을 굉장히 따지기 시작했어요. 요즘에는 스토리를 보고 뽑죠. 이 사람이 어떤 일을 했는지가 아니라 어떤 일을 할 수 있을지, 즉 그 사람의 잠재력을 보고 채용하는 거예요. 자기만의 스토리를 끊임없이 만들어내야 하는 시대이니까요. 그래서 아카이브가 필요하죠.

시대가 그렇게 변하고 있어요. 지식 전달자가 아니라 창작자가 필요해요. 창작자는 새로운 주제를 정하는 사람, 질문을 던지는 사람이죠. 질문하고 답을 찾아가는 일련의 과정에서 스토리가 탄생하고요. 기존의 지식을 새로 연결하고 편집하고 조합해서 새로운 관점과 질문을 만들어내는 능력이 우리가 흔히 말하는 창의력이에요. 창의성은 한순간에 뚝 생겨나는 게 아닙니다. 새로운 조합이 산출되려면 끊임없는 입력이 필요하거든요. 그것을 위해서 여전히 독서가 중요하다고 생각해요.

도서관이 종합 복합시설로 변화하고 그 안에서 다양한 활동이 이뤄진다고 하더라도, 우리가 기본적으로 명심해야 할 점이 있어요. 사람들에게 자꾸 지식을 쌓으라고 할 게 아니라 새로운 이야기를 만들 수 있어야 한다고 말해야 합니다. 그래서 지금이야말로 문학을 강조할 때라고 생각해요. 지식은 고정되지 않고 계속 바뀌거든요. 예전에는 목성의 위성이 네 개였는데, 13개, 17개, 67개, 79개, 92개로 정정되어온 것처럼요. 또 과거에는 가장 작은 입자가 원자였는데, 이후 원자핵이 되었다가 양성자, 중성자를 거쳐 쿼크에까지 이르렀죠. 아마 쿼크가 끝이 아닐 거예요. 지식과 정보는 계속 전복되고 확장되고 있으니까요.

이런 지식들도 질문에서 시작했어요. '생명의 시작은 무엇일까', '가장 작은 원소는 무엇일까'처럼 새로운 질문을 찾아 나가야 해요. 그러기 위해서는 차분하게 시간을 두는 정보 입력이 필요해요. 정보를 입력하는 방법은 독서 외에도 여럿 있지만 대부분 빠르고 집중적으로 입력이 이뤄져요. 챗GPT나 유튜브 콘텐츠는 짧은 시간에 포인트만 딱 짚어요. 변두리 이야기들이 없죠. 반면에 책은 상당히 많은 변두리 이야기를 가지고 있어요. 그 이야기들을 헤집다 보면 저자가 의도한 대로만이 아니라, 독자의 관점과 방식으로 지식을 빨아들일 수 있죠. 그런 점에서 책은 앞으로도 쓸모 있을 거라고 봐요. 책이 쓸모 있어야 도서관도 쓸모가 있죠.

이제는 약간 뿌옇더라도 '터치감' 있는 지식을 입력해야 새로운 걸 만들어낼 수 있어요. 지식의 전달자가 아니라 창작자가 되어야 21세기를 살아나갈 수 있다고 한다면, 독서는 계속 필요하죠. 또 책은 혼자 읽는 것보다 다른 사람과 함께 읽어야 좋은데, 그러기에 도서관은 아주 적합한 장소예요. 도서관에서 혼자 책을 읽는다면, 도서관이 군이 필요할까 싶기도 해요.

결국 도서관은 일종의 허브로 기능해야 한다고 생각해요. 도서관 관계자나 이용자가 책을 통해서 세상에 어떤 공헌을 하고 싶다는 마음을 가질 수도 있고요. 또 마을을 명랑하게 만들고 싶은 사람들이 도서관에 모여 활동을 함께하면서 공통의 논의를 이끌어낼 수도 있죠. 혼자서는 뭘 해야 할지 알기 어렵잖아요. 사람들과 같이 책을 읽고, 함께 이야기하다 보면 질문이 생기고, 그 질문을 통해 생활과 사회를 어떻게 바꿀지 고민해볼 수 있죠.

이용훈 '터치감' 있는 지식이라니, 굉장히 재미있고 좋은 표현이네요. 터치감이라는 말을 들으니까 예전에 도서관 이용자들의 만족도를 조사했던 기억이 나요. 책을 대출하고 반납할 때 한 팀은 아주 기계적으로 했고, 다른 팀은 도서관 직원이 이용자와 대화하거나 가볍게 신체적 접촉도 했는데, 만족감을 물었을 때 후자의 경우가 훨씬 더 높았다고 해요. 기술이 바로 그런 게 아닐까 생각해요. 참 편리하고 좋지만 터치감이 부족하달까요.

요즘 도서관에도 여러 기술이 도입되어 있고, 그런 기술

"지식 전달자가 아니라 창작자가 필요해요.
질문하고 지식을 연결하고 편집하는 사람이죠.
새로운 조합이 산출되려면
끊임없는 입력이 필요합니다.
그래서 독서가 중요합니다."

들이 수많은 단순 반복 작업을 없애줬어요. 데이터베이스 구축으로 현황을 파악하고, 더 정확하고 좋은 서비스를 개발하고 대응책을 고안하기가 용이해졌죠. 그런데 인공지능은 차원이 다르지 않나요? 아무래도 인공지능이 도서관과 사서의 업무 수행 능력과 전문성을 높이리라는 기대보다는 도서관과 사서를 완전히 대체할 가능성에 대한 걱정이 앞서는 듯해요.

이권우 제가 보기에 도서관은 대체하기 쉽지 않을 거예요. 기술의 변화를 어떻게 받아들이고 활용할지는 사서들의 몫이겠죠. 중요한 건 독서 인구의 감소예요. 여가의 다양화도 그렇고요. 이런 현실을 어떻게 극복할지를 고민해야 해요.

앞에서도 나온 이야기지만 인공지능을 상용화할수록 독서 욕구를 점점 더 부추길 거예요. 인공지능을 다룬 책을 보면 하나같이 메타인지가 굉장히 중요하다고 나와요. 메타인지가 뭐냐 하면, 인지에 관한 인지잖아요. 인지라는 게 앎이니, 자기 앎에 대한 앎인 셈이죠. 한마디로 무지無知에 대한 지知라는 말이에요. 내가 모르는 게 무엇인지를 파악해야 해요. 챗GPT한테 질문하려면 내가 뭘 물어야 하는지를 알아야 하죠. 뭘 물어봐야 하는지 알려면 내가 모르는 게 무엇인지를 알아야 하는 거예요. 그리고 내가 무엇을 모르는지를 깨달으려면 독서가 필요하죠. 우리는 늘 안다고 생각하지요. 그런데 읽다 보면 모르는 게 튀어나와요. 그걸 알려고 더 읽게 되고요. 이 과정에서 메타인지 능력이 키워진다고 말할 수 있겠지요.

인공지능을 교과서로 학습시켰더니 응답의 질이 훨씬 더 높아졌다고 했잖아요. 교과서라는 게 무언가요. 기성세대가 다음 세대에게 꼭 전하고자 하는 지식, 과거의 지식 가운데 반드시 알아야 하고 이를 발판으로 새로운 지식을 얻을 수 있으리라 인정한 내용을 담은 책이잖아요. 우리가 말하는 책도 이런 면이 강하지요. 인터넷이나 유튜브에 넘쳐나는 콘텐츠는 양질의 지식이라기보다는 정보의 쓰나미라고 볼 수 있어요. 반면 책은 정선된, 숙성된 지식이라고 할 수 있지요. 인공지능이 독서를 통해 이런 지식을 습득하니 지능이 높아진 거죠.

마찬가지로 인간도 독서를 하지 않으면 인공지능이라는 발전된 기술을 제대로 활용하지 못할 거예요. 이건 국내외 인공지능 전문가들이 입을 모아 하는 말이에요. 우리처럼 책과 긴밀한 관계를 맺은 집단이 아니라 인공지능을 현장에서 개발하고 활용하는 사람들의 공통된 주장이니까 귀담아들을 만하죠. 이 부분은 앞으로 더욱 뜨거운 화두로 떠오르리라 봅니다. 우리가 다음 세대에게 어떻게 메타인지의 중요성을 얘기할 것이며, 떨어진 독서력을 다시 끌어올리고 비독자를 독자로 전환할 방법이 무엇인지에 대한 고민이 필요한 거죠.

이를 위해 도서관이 시민과 연대해서 독서의 가치를 이해시키는 데 앞장서야 합니다. 독서가 삶의 기반을 이룬다는 점에 대해 다음 세대의 동의를 이끌어낼 수 있다면, 또 그 일련의 과정이 도서관이라는 물리적 공간에서 이뤄진다면, 도서관은 충분히 중요성과 가치를 인정받을 수 있어요. 눈앞의 현실과 시대적 소명을 부정하고 안일하게 과거의 가치, 그러니까 단순한 학습공간으로 머문다면 소멸할 수밖에 없겠죠. 아니면 시민들이 다른 공간을 요구하거나! 그런 상황까지 이를지 말지는 도서관 구성원들의 판단과 대응에 달렸다고 봅니다.

이명현　정리하면 도서관이라는 것을 고집하면 안 된다는 거죠. '도서관'이라는 단어가 없어질 수도 있고 변할 수도 있어요. 사서의 역할도 마찬가지고요. 기술적 변화 앞에서 기존의 가치를 어떻게 고수할지 얘기하는 순간, 도서관은 소멸의 길로 향할 수밖에 없어요. 이제 질문이 바뀌어야죠. '기술 발전의 시대에서 도서관이 어떻게 살아남을까?'가 아니라 '그런 기술이 도서관과 사서의 역할과 정체성을 어떻게 변화시킬까?'로요. 그 변화에 맞춰서 나아가야 하는 건 당연하고요.

사서는 어떻게 변화해야 하는가

이정모 앞에서도 이야기했지만, 도서관의 핵심은 건물이나 책이 아니라 사람일 수 있어요. 도서관의 요체를 사람, 즉 사서라고 했을 때, 도서관이 변해야 한다는 말은 곧 사서가 변해야 한다는 뜻이에요. 따라서 사서가 변화할 준비가 됐는지가 아주 중요한 요소일 수 있지요.

이용훈 중요하죠. 도서관 현장의 최전선에서 일하는 전문적 집단이고 직업인이니까요. 다만 그것을 가능하게 하는 사회적 시스템이나 제도적 뒷받침이 있느냐는 거예요.

도서관 문화가 발달한 나라의 도서관에 가보면 일단 일하는 사람이 많아요. 그만큼 도서관에 대한 요구가 높고 그에 대응할 인력이 많다는 거죠. 그런데 우리나라 공공도서관을 보면 공무원 제도라는 틀 안에서 최소한의 인력으로 최대한의 업무 수행을 요구하는 경향이 있죠. 그리고 그 과정과 결과에 대해 조직적 차원으로 감당하는 게 아니라, 사서 개개인의 역량으로만 버티는 것 같아요. 그러다 보니 사서가 지치면 도서관도 시들어버리지 않나 싶어서, 그 부분이 늘 고민입니다.

도서관 문제를 놓고 봤을 때, 사서라는 전문 직업인들에 대해서 변화 준비 등 요구할 바는 요구해야겠죠. 도서관계 내부적으로도 교육과정 등의 변화가 필요하다는 사실을 인정하고는 있지만, 이것을 요구하고 수용할 수 있는 사회적인 변화가 함께 맞물려야 한다고 생각합니다

  이권우 저는 생각이 달라요. 도서관의 전문가로서 사서들이 주도적으로 미래에 대한 비전을 제시하고 학습하고 변신하는 노력이 선행되어야죠. 사회적·제도적 뒷받침은 그다음에 요구해야 하지 않을까요?

  이정모 다른 직업군에 비해서는 도서관 사람들이 모일 기회가 더 많지 않나요? 전국도서관대회만 해도 규모가 어마어마하잖아요. 과학관대회 같은 건 없거든요. 도서관 관계자들이 한자리에 모였을 때 새로운 현안에 대한 의제를 던지는 거예요. 어떤 방향으로 나아갈지 논의하고 합의할 수도 있고요. 그런데 그 부분이 잘되진 않는 듯해요.

  이용훈 그런 노력을 하고 있긴 한데, 내부 개혁이 가장 어려운 일이잖아요. 1963년에 도서관법이 제정되면서 사서직이 생겼어요. 그때부터 지금까지 공공도서관은 대부분 공립, 즉 지방자치단체가 설립·운영하면서 직원 대부분이 공무원 신분으로 일하고 있죠. 공무원 제도 안에서 승진이나 순환보직 등과 같은

제도적 장치나 한계에 갇혀 있다 보니 도서관 전문가로서의 역량을 발휘하고 키워가는 데 제약이 많습니다.

사서 양성을 대학에 맡겨두고 있는 현실도 생각해봐야 합니다. 현재까지도 대학에서 문헌정보학과를 졸업하면 사서가 될 수 있죠. 물론 과거 부족한 사서 인력을 확보하는 데는 가장 좋은 방법이었겠지만, 근래에 대학 교육 현장이 엄청 바뀌면서 사서라는 전문 인력을 양성하는 데 적합한 상황이냐에 대해 고민이 많습니다.

이정모 자격증 시험 없이 관련 학과만 나오면 자동으로 사서가 된다고요?

이용훈 졸업하면 자격을 부여받게 되어 있어요. 그런데 최근에는 필수 이수 학점이 대폭 줄어들면서 도서관 전문가로서, 직업인으로서 충분히 준비하는 데 어려움이 많아졌습니다. 도서관 내부에서도 이에 대한 개선책을 자주 논의하고 있어요.

국내에도 사서 인증제도 같은 게 있어요. 의학 분야에는 의학사서가 있는데, 한국의학도서관협회가 주관해서 자격을 부여하고 관리합니다. 대학 교육과 사서 양성을 이렇게 묶어서 가야 하느냐에 대해서 문제 제기가 있기는 하지만, 워낙 오랫동안 그렇게 해오다 보니 변화를 만들기가 쉽지 않습니다. 한국에서 입시와 대학 교육은 워낙 민감하고 거대한 사안이니까요. 요즘에는 학점은행제로 문헌정보학을 이수하면 사서 자격을 부여하고 있어 이를 통해서도 사서가 많이 양성되고 있습니다. 사서에게는 직업인으로서의 공통된 기억이나 인식, 경험, 소속감 등이 필요한데, 학점은행제를 통해서는 그런 걸 배울 기회가 없다 보니 괜찮은가, 생각해보게 됩니다. 도서관도 주로 시험으로만 사서를 뽑다 보니 직업 정신이나 직업윤리 등을 확인하기가 어려운 것도 문제의 하나가 아닐까 합니다.

  일관된 교육과정을 통해서 지금 우리가 이것을 왜 해야 하며, 어떻게 할 건지 같은 기본 철학을 익히고 공유할 필요가 있어요. 직업윤리에 대한 고민도 뒷받침되어야 하고, 역사를 통해서 축적되는 경험도 중요하고요. 그런데 천차만별로 교육한다면 통합된 직업적 정체성을 만들 수가 없어요. 사서 양성 과정을 현장이 주도하는 방식으로 만들어야 하는데, 대학을 통해서 이루어지다 보니 도서관 전문 직업인으로서의 양성이 쉽지 않다고 생각해요.

  이정모 주변에 중학교 사서로 일하던 친구가 있어요. 나이 오십이 넘어 사서가 되고 싶은 마음에 여러 교육도 받고 몇 개 학교를 거쳐서 자리를 잡았죠. 현재는 퇴직해서 기간제 사서로 일하고 있습니다만, 그 친구처럼 문헌정보학과를 나오지 않아도 사명감 넘치고 애쓰는 사서도 많아요. 저도 대학에서 생화학을 전공했지만 생화학자로서의 사명감을 학교에서 배운 건 아니거든요.

이용훈 　대학에서 전부 배운다는 말이 아니고, 직업 현장에 입문했을 때부터 배움과 재교육이 계속 이뤄져야 한다는 뜻입니다. 의료인 등 다른 전문 분야에서는 정기적으로 보수교육을 하면서 계속 전문성을 확인하고 키워가잖아요. 그런 과정을 통해 직업 철학이나 윤리 등을 형성할 수 있지요. 그렇게 서로의 가치나 이념이 달라도 하나의 직업을 만들어가는 것인데, 도서관 사서는 양성 과정 중 배우는 과목이나 내용, 현장에서의 지속적인 교육 훈련이 부족하거든요. 도서관 사서라는 직업에 대해 일치된 동질성이나 행동 양식을 만들어내지 못하고 있는 거죠. 도서관 내부에서 성찰하고 적극적으로 이야기해야 한다는 부분에는 동의해요. 다만 외부적으로도 변혁에 필요한 토대가 마련되어야 합니다. 그러다 보니까 자꾸 공무원 체계가 적절한지에 대한 고민이 깊어지는 거예요.

이정모 　과학관에도 공무원 조직이 있고, 그냥 공공 조직이 있단 말이에요. 공사, 공단 같은 조직이 여기에 속하죠. 과학관에서 근무할 때, 처음에는 제가 공무원 조직에 있으니까 공공 조직이면 좋겠다고 생각했어요. 재량권이 더 주어질 거라고 생각해서요. 그런데 정작 공공 조직에 있는 과학관 직원들은 공무원 조직에 가고 싶어 해요. 그쪽이 훨씬 안정적이라고 생각하는 거죠. 도서관도 마찬가지 아닐까요? 도서관도 공공 조직이 좋은지 아니면 민간에 위탁해 운영하는 게 좋은지, 또 공무원 조직이 좋은지 고민은 있으리라 생각해요.

이권우 이게 한국 사회의 문제잖아요. 직업적 안정성은 개인에게 반드시 필요한데, 그 안정성이 일종의 안일함으로 나타나기도 하니까요. 이 문제는 정말 한국 사회가 풀어내지 못하고 있는 문제죠

이용훈 그러니까 딜레마죠. 직업적 안일함을 극복하게 한다며 자꾸 인사이동만 시키잖아요. 한곳에서 근무한 기간이 어느 정도 되면 다른 환경, 다른 조직에 보내버리는 식이에요. 이때 가장 큰 문제는 특정 업무에 대한 전문성 개발과 축적이 안 된다는 겁니다. 도서관 사서가 일반적인 행정 서비스에 집중하기보다는 지식과 정보의 관리와 제공이라는 전문성을 갖추기 위해 업무 경험과 축적이 중요한데, 잦은 소속 변경과 업무 분야 이동이 전문성을 쌓는 데 근본적인 장애가 돼요. 특히 이용자와의 일

상적 관계 수립이 중요한 도서관에서 직원이 자주 바뀌는 건 시민들에게도 결코 좋은 일이 아닙니다. 인사이동이 예전에는 효과가 있었을지 모르겠지만 지금은 경험이나 전문성이 축적되지 않는 문제가 더 크거든요. 공무원 사회는 여전히 순환 보직이 원칙이고요.

　　　이권우　전 공무원 사회에서 성공한 사례가 교사 집단이라고 생각해요. 직업적 안정성과 전문성, 성실성이 상대적으로 가장 확고하게 자리 잡았잖아요. 게다가 교사들은 일찌감치 노동조합을 만들어서 직업적 안정성에 대한 보장뿐만 아니라 교육정책 전반의 변화까지 이끌어냈어요. 집단적 이기주의에 빠지지 않고 공공선을 위해 초창기에는 해직을 감수하는 자기희생까지 했지요. 물론, 지금이야 이런저런 비판도 받고 새로운 교원 노조도 결성되었지만 말입니다. 사서 집단이 여러모로 어려움을 겪는다면, 교사 집단에 대한 연구를 통해 구체적 대안을 마련했으면 좋겠습니다.

기술도 대체할 수 없는 것이 있다

이정모   인공지능 의존도가 나날이 높아지고 있죠. 근데 몇 가지 문제가 있어요. 그중 하나가 인공지능의 에너지 소모가 굉장하다는 거예요. 체스 챔피언 대회에서 프로 체스 선수들이 보통 시간당 280킬로칼로리를 쓴대요. 이건 노바크 조코비치가 프로 테니스 대회에서 단식으로 30분 경기를 뛸 때 소비하는 에너지와 같아요. 체스 선수들이 머리를 엄청 많이 쓰는 거죠. 알파고와 바둑을 겨룰 때 이세돌이 소모한 에너지는 조코비치가 세 시간 동안 경기한 만큼의 에너지라고 해요. 선수들의 심장박동수를 측정해 얼마나 에너지를 썼는지 계산한 결과죠. 알파고는 이세돌보다 5만 배의 에너지를 사용했대요. 놀라운 사실은, 독서할 때 에너지 소모량이 더 많다는 거죠.

이권우   이건 경험자로서 인정해요. 책 읽으면 정말 배고파요. (웃음)

이정모   실제로 에너지를 쓰거든요. 그러니까 헬스장에 가는 것보다 도서관에서 책 읽는 게 다이어트에는 훨씬 더 도움이 돼요.

이권우   우리 몸을 보면 그런 말이 통하겠어요? 하하.

이정모 아니, 우리가 책을 안 읽었으면 어떻게 됐겠어요. 그나마 독서를 해서 지금 상태인 거죠. 하하! 도서관에도 이렇게 쓰는 거죠. '살 빼려면 책 읽으세요.' 한 계단 오를 때마다 소비되는 에너지를 써놓은 곳도 있잖아요.

에너지가 실제로 소비된다는 것은 그만큼 독서가 어렵다는 의미예요. 기본적으로 지루하고 힘든 일이란 말이지요. 그러니까 도서관을 즐겨 찾게 하려면 그곳에서의 독서를 재미있게 만들어주어야 하죠. 도서관이 책을 매개로 삼아 사람과 사람 사이의 관계를 만들어줄 수 있어야 해요. 같이 읽으면서 독서 행위 자체를 놀이화할 수 있어야 합니다.

이권우 이게 중요하다는 건 현장에 있는 사서들도 경험적으로나 이론적으로 알고 있잖아요. 어떻게 행동으로 실천하느냐, 실제로 구현시킬 수 있는 방법이 무엇이냐가 중요하죠.

이용훈 개인적 실천과 집단적 실천 모두 필요하겠죠. 집단적 실천은 개인적 실천이 전제가 되어야 하니까 결국 더 중요한 건 개인적 실천이에요. 그런데 앞에서 이야기했듯이 이 개인들이 현장에서 뛰는 직업인이자 생계유지를 하는 직장인이다 보니까 어려움이 있어요. 들어보면 사서들 대부분이 생각할 틈도 없다고 해요. 정보도 찾아보고 이야기도 나누고 해야 하는데 시간이 너무 부족한 거예요.

아까 기술 문제를 이야기했지만, 사실 기술은 내가 잘 쓰면 되잖아요. 지금까지 기술 변화에 잘 대응하고 활용하며 살아왔고, 또 아무리 인공지능이라 할지라도 인간을 대체하기는 어려운 부분이 있잖아요. 예를 들어 정확하게 판단하는 일!

이정모　인공지능이 책임을 져주지는 않겠죠.

이용훈　자율주행차 사고가 났을 때 누가 책임을 져야 하는지를 두고 논란이 계속되고 있잖아요. 이제 이런 문제들이 공동체에서 굉장히 중요해질 거예요. 결국 뭔가를 선택하고 판단하고 실행하는 과정에서 최종 결정은 사람이 내린다고 생각하면 기술에 대해 너무 두려워할 필요는 없을 듯해요.

이정모　그 기술을 잘 활용해야죠.

이권우　어쨌든 기술의 발전은 사서의 전문성 강화에 대한 요구로 이어질 수밖에 없어요. 전문성 강화를 위해서 어떤 준비와 노력을 주체적으로 하고 있는지가 중요하겠죠. 시민사회가 그걸 평가할 텐데, 굉장히 무서워지는 거예요. 사서들을 보면서 '책만 읽고 일을 안 한다'가 아니라 '책도 안 읽네'라고 지적하게 될 수도 있죠.

이용훈　제가 앞에서 '기술은 과연 도서관과 사서에게 도움이 될까, 아니면 위협이 될까?'라고 질문을 던지긴 했지만, 저는 기술 변화보다도 독서 인구 감소라든지 여가시간 소비 변화 등이 오히려 더 큰 위기라고 생각하거든요. 어느 날 갑자기 새로운 기술이 도입되는 게 아니기 때문에 발전의 추이를 지켜보며 잘 대응하면 될 것 같거든요. 반면에 사람이 변하는 건 예측하거나 대응하기가 쉽지 않죠. 그래서 기술보다 사람에게 더욱 신경을 써야 하는데, 현장에 있는 사서들이 느끼는 바는 또 다르죠. 인공지능처럼 새로운 기술을 도입하면 누군가는 필요 없는 것처럼, 인력을 대체해야 하는 것처럼 이야기해요. 그러니 현장은 기술 변화에 민감할 수밖에 없죠. 여기에 대한 방어 논리가 굉장히 강한 거예요.

이권우 우리 사회가 특히 심하죠. 기계가 사람을 대체할 수 있다는 인식이 한국에서 유독 더 퍼져 있는 이유가 중화학공업 비중이 높아서 그렇다고 하네요. 중화학공업은 기계화가 빠르고 실질적인 효율이 높아서 인력 감축이 자주 일어나거든요. 발전, 성장, 효율 같은 이데올로기에 포획되고 있는 셈이죠.

이정모 이미 한국은 인구 대비 로봇 수가 전 세계 1위예요. 노동력의 10퍼센트를 로봇으로 대체한 첫 번째 국가죠. 국제로봇연맹의 2024 연례조사에 따르면 우리나라는 1만 명당

"어떻게 보면 삶의 위기야말로
개인에게는 중요한 질문이죠.
각각의 사람들이 비슷한 질문을 품을 때
사회적 질문도 생기는 거니까요."

1012대의 산업 로봇을 보유해서 세계에서 가장 높은 로봇 밀도를 기록하고 있습니다.

　　이권우　한마디로 로봇이 사람을 대체하는 비중이 가장 높은 나라인 거죠.

　　이용훈　(깜짝 놀라며) 그렇게나 많군요. 막연한 두려움이 아니네요. 기술 발전에 따른 이런 변화에 어떻게 대응하면 좋을지 사서뿐만 아니라 도서관을 이용하는 시민들도 함께 논의하고 더 많은 것들을 알아가면 좋겠어요.

　　이권우　사실 도서관에 모인 사람들이 다 불안한 사람들 아니에요? 이 사회의 변화에 위기감을 느낀 사람들이 도서관에 와서 공부하는 거고요.

　　이정모　요즘엔 도서관에서 부동산, 주식 공부를 하는 사람들이 많더라고요.

　　이용훈　어떻게 보면 삶의 위기야말로 개인에게는 중요한 질문이죠. 각각의 사람들이 비슷한 질문을 품을 때 사회적 질문도 생기는 거니까, 그런 것들을 잘 엮어서 도움을 줄 수 있도록 도서관에서 더 신경을 써야죠.

마침표 대신 물음표를 던지는 곳

이용훈 예전에 정재승 교수가 카이스트의 가장 강력한 경쟁자가 성심당이라고 한 적이 있거든요. (웃음) '대전' 하면 가장 먼저 떠오르는 게 카이스트여야 하는데 성심당이 되어버렸다고요. 현재 도서관의 가장 강력한 경쟁자는 뭘까 생각하면, 아까 언급한 넷플릭스 같은 OTT 서비스가 아닐까 싶습니다. OTT의 세계도 급변하고 있으니까 앞으로도 계속 인기일지는 모르겠지만, 여하튼 여가시간의 변화는 도서관 문제에서 매우 중요한 사안이에요. 여가 활동의 선택지가 넓어지면서 도서관 외에도 갈 수 있는 곳이 많아졌으니까요. 그런 상황을 어떻게 타개해야 할지 제대로 짚어내기가 쉽지 않은 것 같아요.

이정모 앞에서 이용훈 선생이 이야기했듯이 라이브러리에서 라이프러리로 가야죠.

이권우 이정모 선생도 계속 과학관 경험을 토대로 이야기하듯이, 결국 네트워킹이 중요해요. 시민이나 도서관 이용자를 연결하여 온라인에서 해소되지 않은 욕망을 오프라인에서 주체적으로 해소할 수 있도록 해야죠. 그렇게 보면 도서관이 과학관보다 유리한 점이 많아요. 과학관은 1년에 한 번만 오는 사람들이 많잖아요. 어쩌다 방문하는 곳으로 여기는데, 그에 비하면 도서관은 정말 생활 밀착형, 기초 인프라거든요. 대부분 도보나 차로 10분 이내에 닿을 수 있는 곳이고요. 도서관이 사람들의 다양한 욕망을 잘 읽고 충족시킨다면 시민들도 도서관의 가치를 당연히 인정할 거예요.

<small>이용훈</small>　지난 30년 동안 작은도서관을 포함해 도서관 숫자가 대폭 늘어나면서 도서관이 사람들의 생활권 가까이에 들어왔죠. 아직은 대부분 대도시와 수도권에 해당하는 상황이겠지만요. 그러고 나니 도서관은 '어떻게 사람들이 이곳을 일상적으로 이용하게 만들까'를, 또 이용자들은 '이곳이 내가 일상적으로 이용할 만한 곳인가'를 고민하기 시작했죠. 그 접점을 이룬 것 중 하나가 큐레이션이에요. 작은 책방들, 독립서점들이 가장 잘하는 부분이기도 하죠.

<small>이권우</small>　작은 책방이나 독립서점은 큐레이션에 집중하는 게 맞죠. 하지만 도서관은 네트워킹이 더 중요하다고 봐요. 얼마 전 고양시에서 폐관한 호수공원작은도서관은 동아리가 잘 운영된 곳이었어요. 조그마한 도서관 건물에서 3분의 1도 안 되는 작은 공간을 쓰는 게 전부였는데 동아리 활동이 매일 이루어지더라고요. 이용자 만족도도 높고요. 공간적인 차별성도 잘 활용했

어요. 일산 호수공원 안에 도서관이 있으니까, 사람들이 공원 온 김에 도서관 동아리에 들르기도 하고 동아리 활동이 끝나고 공원을 이용하기도 했죠. 고양시에서 작은도서관을 폐관한다고 했을 때 가장 열심히 반대 운동에 나선 분들이 호수공원작은도서관에서 활동했던 동아리 부원이에요.

호수공원작은도서관의 사례를 보면서 이토록 다양한 욕구를 지닌 다양한 연령대의 사람들이 도서관에 오는구나 싶었어요. 그래서 도서관이 큐레이션보다 동아리 활동에 더 집중할 필요가 있다고 보고요.

이정모 어찌 보면 동아리도 일종의 큐레이션이죠. 큐레이션이란 무작위적인 정보가 아니라, 특정한 기준과 목적에 따라 선별된 콘텐츠를 제공하는 과정을 뜻하잖아요. 도서관 동아리는 주로 사서와 이용자가 환경, 인문, 과학, 예술 같은 특정 주제를 중심으로 회원을 모집하고 활동을 하죠. 예를 들어 '기후위기 독서 모임'이나 '고전문학 탐구회' 같은 것 말입니다. 이 모임에서 시민들은 지식과 자료를 구조화할 수 있죠. 가장 중요한 부분은 혼자서는 접하기 어려운 지식과 네트워크를 도서관이 연결해준다는 데 있습니다.

이용훈 제가 큐레이션이 중요하다고 한 것은 질문하는

도서관이 되었으면 좋겠다는 의미예요. 아까도 인공지능 시대에는 질문을 잘하는 게 중요하다고 했잖아요? 그런데 한국 사회는 여전히 질문에 약하죠. 질문을 던지기도 어렵지만, 질문 자체를 흔쾌히 수용하는 분위기도 아니고요. 어쩌면 교과서 시대, 즉 정답이 정해진 사회를 살아서 그런가 싶어요. 질문이라는 게 사실 정답이 없는 것들을 묻는 경우가 대부분이잖아요. 함께 생각하고 논의하며 질문의 답을 찾아가야 하는데, 아직 그런 문화를 어색해하는 것 같아요.

'도서관이 먼저 질문을 하면 안 되나?' 저는 이런 생각이 들었어요. 도서관 이용자들은 대부분 책을 빌리거나 돌려주려고 도서관에 와요. 동아리 활동을 하는 사람들도 있지만 모두가 그렇진 않고요. 그러다 보니 질문을 던지는 방식도 고민이죠. 사실 서점의 큐레이션도 그런 식이잖아요. 주인이 관심 있는 주제로 책들을 큐레이션하고, 그것에 동의하는 손님들이 찾거나 우연히 방문했다가 관심을 품고, 그런 것들이 결국 이야기의 단초가 되니까. 큐레이션이 질문인 예로는 사립공공도서관인 용인 느티나무도서관이 진행 중인 '컬렉션버스킹'이나 경기도지하철서재 큐레이션을 이야기할 수 있습니다. 컬렉션버스킹에서는 '경로를 이탈했습니다, 재탐색하시겠습니까?'라든가 '잠깐 세상을 좀 바꾸고 갈게' 같은 도발적 질문을 던지고, 사서들이 그에 대응하는 책과 자료를 모아 시민들과 함께 읽고 이야기를 나누었지요. 지하철역 세 곳(동천역, 정자역, 광교중앙역)에 설치한 경기도지하철서재의 경우 '작심삼일이어도 좋아', '번아웃; 소진과 버팀 사이', '혼자를 기르는 법' 같은 주제를 내세워 책들을 가져다두었고요. 이런 제목들을 만나면 도서관과 사서들이 무슨 이야기를 하려는가 궁금해지리라 생각합니다.

앞으로는 도서관도 기술적인 고민보다 질문에 더 집중해야 한다고 생각해요. 2023년 작고하신 서경식 선생이 '도서관적 시간'에 대해 이야기하신 적이 있습니다. 2019년 〈한겨레〉에 쓰신 칼럼에서 이 '도서관적 시간'을 "간단히 답을 얻을 수는 없는 질문(대체로 인간에 관한 질문은 모두 그러하다)에 침잠하면서 끝없는 문답에 몰두한다. 그 사고 과정 자체가 풍요와 기쁨에 차 있는 시간"이라고 말씀하면서 그 시간을 되찾자고 주장하셨죠. 도서관은 수많은 사람들이 스스로에게 또는 누군가로부터 받았던 질문에 대한 나름의 답을 적어놓은 책들의 집합체이니, 그 안에서 자신에 대해 간단히 답을 얻을 수 없는 질문을 던져야 하지 않을까 싶습니다. 도서관의 십진분류법도 '나는 누구인가?'라는 질문에서 시작하죠. 이른바 '100번 철학'입니다. 혹시 여러분은 그런 도서관을 만난 적이 있나요? 사람들에게 질문을 던지는 도서관이나 남다른 차별성을 지닌 도서관이요.

이명현 최근에 복합적 형태의 도서관이 많이 생겼잖아요. 의정부과학도서관은 꼭대기에 천체투영실이 있더라고요. 이곳을 담당하는 천문 오퍼레이터도 한두 명 있는데 도서관 소속이에요. 강연이나 자문 건으로 몇 차례 방문한 적이 있는데, 천체투영실만 운영하는 게 아니라 과학책 읽기나 큐레이션도 진행하더라고요. 과학과 관련된 프로그램을 하니까 과학계 인사들도 오고, 여기에서 프로그램을 만들어 현장 관측을 하러 나가기도 하고요.

한마디로 다양한 사람들이 자연스레 모이게 되는 거예요. 무리의 규모가 작다 해도 그 가운데에서 뭔가 계속 생겨나는 거죠. 우리가 거듭 이야기하고 있지만, 스마트 그리드smart grid, 즉 다양한 영역을 어떻게 잘 연결할지가 관건이에요.

아쉬운 점은, 1~2년 지나서 그 천문 오퍼레이터들을 다시 만나보면 좌절감이나 어려움을 겪는 경우가 있어요. 일단 이들은 사서가 아니지만 도서관에서 일하고 있단 말이죠. 도서관 사람들이 적극적으로 응원하고 지지해주면 좋은데, 남 일처럼 여기거나 번거로운 일로 치부하는 곳들도 있어요. 그걸 보면서 이런 융합의 시도가 개인의 역량에 의존하는 부분이 많다고 느꼈어요. 아까 이용훈 선생도 얘기했지만, 정답을 찾으려고만 하면 이런 시도가 적극적으로 이뤄지지 못해요. 저는 이런 다채로운 활동들이 도서관을 찾는 사람들에게 낯선 질문을 던지는 하나의 방법이라고 생각해요. '어, 도서관이 책을 읽는 곳이 아니라 우주를 탐구하는 곳이야? 그게 왜 도서관에서 할 일이지?' 이런 거죠.

이정모 아까 여가시간의 변화가 도서관에 위협이 된다고 이야기했는데, 주4일제가 실행되면 오히려 도서관에 기회가 생길 수도 있어요. 주4일제가 도입되면 처음에는 그동안 못했던 일, 새로운 경험을 시도하려고 하겠지만 제도가 정착되고 나면 생활 반경 내에서 여가를 즐기려고 할 거예요. 사실 주4일제 도입은 시간문제인 게, 저성장 시대에 일자리 나누기는 불가피하거든요. 토요 휴무제, 즉 주5일제가 시작된 이유도 결국 생산성이 높아졌기 때문이잖아요. 그 후로 생산성 증가 속도가 훨씬 더 빨라졌어요. 지금은 경제가 잘 돌아가지 않아서가 아니라 생산성이 너무 높아져서 일자리가 없어지고 있죠. 하지만 일자리가 사라지면 경제가 돌아가지 않으니까 일자리를 어느 정도 유지하는 대신 노동시간을 줄일 수밖에 없을 겁니다. 아마도 주 30시간

(©vitaly mazur/unsplash)

대로 줄여야 할 거예요. 그렇게 평일 중 하루를 쉬게 되었을 때 도서관이 어떻게 사람들을 끌어모을 수 있을지 고민해야 해요..

이권우 한국의 경우, 독서 인구 감소에 대한 근본적인 대응책은 두 가지예요. 교육과 입시의 변화, 그다음이 노동시간의 감축이에요. 이게 해결되면 독서 인구가 회복될 가능성이 커요. 독서실태조사에서도 독서를 가로막는 요인으로 가장 많이 꼽히는 게 '일이나 공부 때문에 책 읽을 시간이 없어서'거든요. 이건 제도적인 문제죠. 독서의 가치와 잠재력을 시민에게 알리고 설득해서 비독서 인구를 독서 인구로 전환하는 건 도서관이 노력해야죠. 특히 도서관이 복합문화공간으로 탈바꿈하면 노동시간이 감축됐을 때 긍정적인 현상이 나타날 겁니다.

이정모 베이징 자연박물관과 파리의 라빌레트과학산업박물관에서 공통적으로 느낀 건데요. 평일 주 관람층이 노인이더라고요. 이미 은퇴는 했지만 건강하고 경제적으로 여유가 있으며 이전 시대보다는 훨씬 지적인 노인들이 찾고 있는 거죠. 좋은 일이에요. 하지만 손주를 데리고 와서 함께 관람하며 설명하거나 자원봉사 해설사 역할을 하는 게 아니라면 매일 반복해서 올 수 있는 곳이 아니에요. 기본적으로 많이 걸어야 하기 때문에 육체적으로 쉽게 지칠 뿐만 아니라 새로운 지식을 매일 얻기는 어렵기 때문입니다.

　　　　이젠 우리의 일이 되고 있어요. 이미 늙어가고 있잖아요. 그렇다고 날마다 혼자 책을 보기는 지겨울 것 같아요. 도서관에 노인들을 위한 동아리, 노인들이 흔쾌히 참여할 수 있는 모임이나 봉사 기회가 있으면 좋겠다는 바람입니다. 끊임없는 지적 욕구를 채워줄 수 있는 노인 맞춤 프로그램도 있어야 하고요.

　　　　이용훈　기술의 진보로 디지털화가 가속되고 인공지능이 상용화되면 도서관과 사서가 사라지리라 생각했는데 오히려 더 많은 기회와 발전의 여지가 생길 수도 있겠네요. 독서 인구의 감소, 여가시간의 변화, 노동시간 감축 같은 사회적 변화가 도서관에 근본적 변화를 요구한다는 사실도 새삼 절감했고요. 이런 부분에 대해 도서관과 시민 사이, 또 도서관 내부적으로 많은 고민과 논의를 이어가야겠죠.

　　　　관련해서 하나 이야기해보고 싶은 게 제3의 공간 개념이에요. 제3의 공간은 미국 사회학자 레이 올든버그가 처음 주창한 개념인데, 제1의 공간인 집과 제2의 공간인 일터 외의 장소를 뜻해요. 휴식을 취하기도 하고 타인과 어울리며 협업하고 공동체 활동도 하면서 세렌디피티, 즉 뜻밖의 발견과 마주하는 공간을 말하죠. 갈수록 여가가 중요해지는 시대에 도서관이야말로 가장 완벽한 제3의 공간이 될 수 있지 않을까 생각해봅니다.

그런데 문제는 도서관에서 일하는 사람에게는 도서관이 제2의 공간이라는 거예요. 말하자면 도서관이 제2의 공간인 저 같은 사람과 제3의 공간인 이용자들이 한자리에 모여 유기적으로 움직여야 하죠. 이때 인식의 차이가 분명히 생길 수밖에 없는데, 감정 노동이 대표적인 예죠. 나는 편하게 쉬고 여가를 즐기려고 도서관에 왔으니 직원들은 당연히 나에게 봉사해야 한다고 생각하는 사람들도 있어요.

저는 이 부분을 공론화할 필요가 있다고 봐요. 실제로 도서관에서 감정 노동 이야기가 굉장히 많이 나오거든요. 도서관에 모인 제2의 공간에 있는 사람과 제3의 공간에 있는 사람이 그 중간 어디쯤, 이를테면 2.5의 공간에서 만나면 좋겠다 싶어요.

이권우   그것은 시민의 덕목의 문제죠. 도서관에서 강의할 때 저도 감정 노동을 하는 셈이잖아요. 터무니없는 사람도 얼마나 많은지……. 사실 한쪽은 성실하고 한쪽은 예의가 있으면 되는데 그 덕목들이 사라져서 문제죠.

이용훈   성실과 예의! 어떻게 하면 잘할 수 있을까요?

이권우   최근에 여러 정치적인 격변을 보며 우리 사회에서 그 덕목이 되살아나기는 어렵겠다 싶기도 해요. 그래도 희망은 있어요. 우리 사회가 이번 쿠데타를 좌초시킨 최소한의 윤리성을 공유하고 있잖아요. 한국 사회가 그런 점에서는 분명히 발전한 거예요.

이용훈 이제 우리도 사회적 연대, 그러니까 서로 굉장히 다른 생각과 다른 조건에서 살고 있던 사람들이 하나의 이슈를 통해서 서로를 이해하고, 함께 손을 잡고 사회문제를 풀어가는 연대의 모습들이 자주 나타나잖아요. 그런 모습들을 보면서 가능성이 있다고 생각하는 거죠. 민주적 회복력이 대단하다고 느꼈습니다.

제3의 공간도 어떻게 보면 회복력과 관련된 거잖아요. 너무 안주해서도 안 되겠지만, 그 공간에서 충분히 회복하고 일상생활로 복귀했다가 다시 또 제3의 공간을 찾는 거죠.

4부

소란하고 불온한 도서관을 위하여

"모든 집의 층고가 높을 필요는 없지만
도서관의 층고는 높아야 하죠.
그만큼 인간에 대한 과학적 이해를
바탕으로 하는 건축이 필요해요."

이용훈　지금까지 도서관에 관한 쟁점들을 진지하게 논의했는데, 조금 가볍고 재밌는 질문들을 던져볼게요. 가장 먼저 종이책과 전자책, 둘 중 하나만 선택한다면요?

이정모　전자책!

이권우　저는 종이책이요. 책을 보관할 수 있는 공간은 한정되어 있기 때문에 장기적으로 전자책으로 전환해가는 게 맞겠죠. 그런데 종이책과 전자책을 비교하며 읽다 보면, 아무래도 종이책이 훨씬 집중도가 높아요. 새로운 인류가 탄생하더라도 텍스트에 대한 집중력과 이해도, 기억력 면에서 도움이 되는 건 종이책이라고 생각해요.

이명현　이권우 선생이 말한 게 지금까지는 맞아요. 그리고 계속 맞는 말일 수도 있고요. 하지만 요즘 필름 카메라로 영화를 안 찍는 이유는 그 가치가 소진됐기 때문이 아니라 다른 것으로 바뀌었기 때문이잖아요. 기존에 독서를 해오던 사람들한테는 종이책이 훨씬 효율적일 수 있지만, 책 읽기를 보존하기 위해서는 많은 부분을 과감히 내려놓을 필요도 있어요. 미래 세대에게는 종이책으로 텍스트를 읽는 행위가 굉장히 낯선 경험이 될 거예요. 어쩌면 종이책이 레트로의 영역으로 들어가게 될지도 모르죠. 그런 면에서 저는 전자책을 택해야 할 것 같아요. 전자책이 더 효율적이어서라기보다는 독서, 즉 책 읽기를 계속 보존하고 지향해가려면 안타까움이 앞서도 종이책보다는 전자책에 더 힘을 실어야 하지 않을까 싶어요.

이정모　장래를 생각할 때, 아니 뭐 지구를 위해서가 아니라 당장 전자책의 몇 가지 편리함 때문에 종이책보다는 전자책을 선호해요. 우선 전자책은 공간을 차지하지 않잖아요. 종이책은 많아지면 집에서 그만큼 공간이 사라지죠. 책이 너무 많으니까 못 찾을 때도 생기는데, 희한하게도 새로 주문한 책이 막 도착하면 해당 책이 어디선가 나타나죠. 나이가 들면서 눈이 침침해지니까 종이책 읽기가 힘들기도 하고요. 전자책은 잃어버릴 염려도 없고 글자 크기나 집중 강도 등 여러 면에서 훨씬 편해

"미래 세대에게는
종이책으로 텍스트를 읽는 행위가
굉장히 낯선 경험이 될 거예요."

요. 물론 책을 한눈에 훑어보긴 어렵지만요. 이것도 익숙해지면 전자책에서 뭔가를 찾기가 더 편해지겠죠.

당연히 불편함도 있어요. 공룡 백과사전 같은 것처럼 종이책으로만 나오는 경우가 있잖아요. 공룡을 탐사하러 갈 때 꼭 필요한데 부피가 커서 가지고 다니기 힘들어요. 전자책으로 나온다면 편할 텐데, 사전류 같은 책들은 전자책으로 만들기에 기술의 한계가 있는 모양이에요. 그림의 해상도가 너무 떨어지는 문제도 있고 말이죠. 그런 기술적인 문제는 곧 해결되겠죠. 결국에는 전자책으로 이행할 수밖에 없다고 생각해요.

또 요즘 아이들은 디지털 디바이스에 너무 익숙해져 있어요. 한번은 과학관에서 유모차를 탄 어린아이들이 수족관 앞을 지나가는 걸 봤어요. 그중 한 아이가 수족관 안에 작은 고기가 나타나자 마치 스마트폰 화면을 확대하듯이 손가락 두 개를 벌리더군요. 물고기가 작아서 잘 안 보이니까 자세히 보고 싶어서 그랬겠죠. 어린아이들도 이미 알고 있는 거예요. 손가락 두 개를 쫙 벌리면 화면이 커진다는 걸! 지금 우리가 쓰는 스마트폰만 봐도 버튼이 없잖아요. 그런데 아이들은 딱 보자마자 이걸 어떻게 켜고 사용하는지를 직관적으로 알아요.

이용훈　도서관의 장서 관점에서 보면 답이 조금 달라질

까요? 도서관의 전자책은 개인이 접하는 전자책과 다르거든요. 도서관에서는 전자책도 종이책처럼 대출과 반납이 가능해야 하니까요. 그리고 전자책을 구매해서 소장할지, 구독 형식으로 대여할지를 두고도 의견이 분분하죠. 예전에는 전자책도 종이책처럼 사서 소장했는데, 비용이 많이 들다 보니 도서관에 구비해 둔 전자책의 종수가 적을 수밖에 없었죠. 요즘엔 기술이 좋아지면서 전자책도 구독해서 볼 수 있잖아요. OTT 서비스처럼요.

이권우 밀리의 서재 같은 거죠.

이용훈 맞아요. 그런데 문제가 뭐냐 하면, 무한히 볼 수 없다는 거예요. 미국의 경우는 도서관에서 전자책의 대출 횟수를 정해놓고 그 횟수를 채우면 다시 계약을 갱신하는 형태라고 하더라고요. 그리고 전자책을 대출하고 반납하는 과정이 예상 외로 편리하지 않은 부분이 있는데, 주로 디바이스 문제예요. 디바이스에 따라서 기술적 요소가 제각각이기 때문이죠. 도서관은 보통 단일한 서비스 시스템을 제공해야 하거든요. 대출, 반납 과정에서 발생하는 비용도 고려해야 하고요. 그런데 실제 시민들이 이용하는 디바이스는 종류가 너무 다양해서 도서관 시스템과 완벽하게 맞지는 않지요. 그러다 보니 개개인별로 전자책 서비스를 이용하는 방식이나 수준이 많이 다르고, 이에 따라 만족도도 차이가 생깁니다. 그래서 도서관의 경우엔 종이책이냐, 전자책이냐 하는 문제를 개인의 관점으로 접근하기 어려워요. 도서관 운영자가 아니면 이런 내용을 알기도 힘들고요.

  이정모 저도 도서관 관점에서는 종이책이 좋은 것 같아요. 앞에서 이야기했던 '우연한 발견'을 위해서도요. 도서관에서는 미로 속을 누비면서 우연한 발견을 할 수 있어야 해요. 책들이 쫙 꽂힌 서가를 지나면서 우연히 어떤 책을 보고 '어, 이게 뭐지' 하는 순간이 필요하죠. 전자책으로는 그런 부분이 어려우니까!

  이권우 좀 당혹스러운 게, 도서관에서 굳이 전자책까지 서비스해야 하나요? 꼭 그럴 필요는 없다고 생각해요. 알뜰폰을 쓰면 요금을 월 2만 원가량 내면서 밀리의 서재도 무료로 이용할 수 있어요. 도서관 밖에서도 쉽게 전자책을 접할 수 있는 거죠. 그리고 이정모 선생과 이명현 선생이 말한 전자책의 장점 때문에 오히려 도서관에서는 종이책을 더 많이 접할 수 있도록 해야 한다고 생각해요. 이용자가 종이책을 읽는 습관을 들일 수 있도록요. 종이책을 읽다가 전자책을 볼 수는 있어도 처음부터 전자책만 읽던 사람이 종이책을 보긴 어렵죠. 그런 의미에서 저는 종이책의 가치를 더 강조해야 한다고 봅니다.

이용훈   앞에서 도서관법 이야기도 잠깐 했지만, 도서관은 누구에게나 필요한 지식과 정보를 제공해야 해요. 그게 도서관의 기본적인 책무거든요. 전자책 형태로만 나온 책도 있으니 전자책을 아예 배제할 수는 없어요. 다만 지금과 같은 방식이어야 하는지는 고민해봐야죠. 도서관들이 각자 움직이다 보면 비용도 많이 들고 중복되는 부분도 생길 테니 좀 더 효과적으로 운영할 방법을 찾아야 해요.

이권우   그 비용이면 오히려 종이책을 더 많이 사는 편이 좋을 텐데…….

이용훈   미국에서 몇 년 전에 이와 관련된 논쟁이 일었던 적이 있습니다. 한 경제학자가, 도서관은 구식인 데다 비용도 많이 들고 하니까 아마존으로 대체하자는 논평을 냈어요. 모든 사람이 아마존을 무료로 이용할 수 있게 하는 대신에 도서관을 없애자는 거였죠. 해당 기사는 미국 사회에서 한동안 논란거리가 되었다가 시민과 도서관들의 강력한 반대로 결국 철회되었어요. 그런데 우리나라에서도 그렇게 생각하는 사람이 많거든요. 전자책만 있으면 된다, 오디오북만 있으면 된다는 식이죠. 효용만 따지면 별 얘기가 다 나와요. 어쨌든 종이책과 전자책 문제는 개인과 공공도서관을 구분해 접근법을 달리할 필요가 있습니다.

이권우 전자책의 장점은 집필할 때 정말 실감해요. 검색 기능이 대단하거든요. 무협지처럼 빨리 읽어나가는 책도 전자책이 좋고요.

이용훈 사전이나 법전처럼 수시로 내용을 수정해야 하는 책들도 전자책이 유용하지요. 다만 전문적인 인문서 같은 경우는 신중하게 접근하는 편이 좋아요. 아동서 같은 책도 판면 구성이나 그림뿐 아니라 물성도 굉장히 중요하기 때문에 다른 관점에서 생각해야 하고요.

제가 현장에 있을 때 가장 어려웠던 부분이 전자책이었어요. 기술적으로 모든 이용자의 디지털 환경을 맞추기가 너무 어렵더라고요. 의외로 종이책이 편리하다니까요. 무엇보다 전자책이 사회적 격차를 줄여줄 것 같은데, 실제로는 더 심화시킨다는 게 문제예요. 기기나 통신상의 문제도 결국 비용과 직결되기 때문에, 이에 너무 의존하다 보면 사회의 불평등이 더 심화될 우려도 있죠.

도서관은 시끄러울 필요가 있다

이용훈   여러분은 도서관은 조용해야 한다고 생각하나요, 시끄러워야 한다고 생각하나요?

이권우   "도서관은 조용해야 한다"라는 말은 일본의 사상가 우치다 다쓰루가 책《도서관에는 사람이 없는 편이 좋다》에서 한 말이에요. 사실 이건 도서관 관계자를 향한 발언이에요. 일본도 도서관을 대출 건수와 이용자 수 등으로 평가하거든요. 어느 지자체가 도서관을 개인 사업자에게 맡겼는데, 그 사람이 자기 회사가 출판한 질 낮은 책을 잔뜩 사서 장서를 늘리고 직원을 동원해 대출 건수와 이용자 수를 채웠다고 해요. 도서관이 경제적 논리를 앞세울 때 어떤 부도덕한 일이 생기는지 단적으로 보여주는 대목이죠.

한마디로 도서관의 경제적 효용을 비판하는 개념으로 "도서관은 조용해야 한다"라고 이야기한 겁니다. 우치다 다쓰루는 성당, 교회, 사찰처럼 초월적이고 신성한 공간은 늘 비어 있다며 도서관도 그런 공간이어야 한다고 강조합니다. 도서관은 사람들이 죽 늘어선 서가를 거닐다가 꽂혀 있는 수많은 책을 보면서 '도대체 내가 알고 있는 건 뭘까' 하고 '무지의 지'를 깨닫는 곳이라는 주장이죠. 그런 맥락을 모르면 오해가 생길 수 있어요. 있는 그대로만 본다면야 저도 당연히 '시끄러워야 한다'고 생각해요.

이정모 저는 '시끄러워야 한다'보다는 '시끄러워도 된다' 쪽이에요. 비슷해 보여도 미묘하게 의미가 다르죠. 도서관에서는 조용히 해야 한다? 그건 아니라고 봐요. 그렇다고 도서관이 시끄러울 필요까진 없죠. 눈치 보며 살살 걸어야 하고 말하면 안 되고 배경음악을 틀면 안 된다는 식이 아니라, 편안한 음악을 틀어두거나 조용히 소곤소곤 이야기하는 정도는 허용하자는 말이에요. 버스나 기차 안이라고 해서 모두 입을 꾹 다물고 있어야 하지는 않잖아요. 어느 정도 작게 이야기해도 되는 거잖아요. 그런 의미에서 '도서관은 시끄러워도 된다'고 생각해요.

이권우 말하자면 어린이실에서는 아이에게 책을 읽어주는 도움이 필요하고, 동아리나 토론 모임은 활발하게 활동을 이어가야죠. 도서관 전체가 떠들썩하다기보다는 도서관 내 어떤 공간은 특별하게 떠들썩해야만 활성화한다는 측면에서 '떠들어도 된다'고 봅니다. 조용하다는 건 결국 아무 활동도 없다는 의미니까요. 그냥 책을 읽기만 하는 거죠.

무지의 지를 일깨우는 신성하고 초월적인 공간으로서 도

서관이 지닌 가치의 측면에서는 '도서관은 조용해야 한다'가 맞고, 현실적으로 도서관 활성화를 위해 다양한 활동을 장려해야 한다는 의미로는 '도서관은 시끄러워도 된다'가 맞겠죠.

이정모   도서관이 신성한 공간이어야 해요? 그건 아니잖아요.

이권우   앞서 말한 것처럼, 그 부분은 우치다 다쓰루가 철학자로서 도서관의 효율성만 따지는 현실에 맞서는 논리로 만들어낸, 철학적 수사학이에요.

이명현   저는 도서관이 '광장'이면 좋겠어요. '도서관은 떠들어도 된다'여야 하죠. 그런데 또 이렇게 말하면 떠들지 못하도록 제약할 수도 있다는 의미가 되잖아요. 떠드는 것을 허용하는 정도라면 암묵적으로 '떠들지 않는 공간'으로 다시 회귀할 가능성이 크다고 봐요.

이권우   그런 암묵적 제약이 작용할 수는 있죠. 다만 모든 공간에 해당하는 게 아니라 조용한 공간은 열람실 기능만 한다는 뜻이에요.

이용훈   앞에서 도서관의 3요소 중 하나로 건물을 이야기했잖아요. 최근에는 공간이 더욱 중요해졌어요. 울산대학교 도서관 장서 폐기도 왜 시작됐냐면, 공식적으로는 학생들이 찾도록 한다는 취지였어요. 도서관을 이용되지 않는 책들로만 채워 놓기보다는 노트북존, 카페 등 학생들이 학습이나 소통을 할 수 있는 공간을 조성한다는 거였죠. 공간은 한정되어 있으니까 결국 책을 버리자는 결정을 내린 거고요.

   이명현 도서관은 여기저기 편하게 앉아서 책도 읽고 이야기도 나누고 투어도 진행하는 공간이어야 하는데 지금은 상당히 규격화되어 있잖아요. 물론 요즘은 개방감 있게 공간을 설계한 곳도 많지만요. 그리고 기본적으로 '조용히 해야 한다'는 암묵적 압박이 있잖아요. 이런 보이지 않는 장벽을 깨려면 시간이 오래 걸리니까 일단 편하게 떠들 수 있는 공간으로 조성하는 편이 좋지 않을까 생각해요.

   이용훈 도서관은 조용해야 한다는 인식은 도서관의 역사와 밀접한 관련이 있습니다. 구한말에 근대식 도서관이 처음 생겼을 때는 새로운 사상을 습득하고 나누며, 새로운 세상에 필요한 것들을 공동체적 노력으로 함께 일구는 공간이었어요. 그러다 일제강점기에 들어서면서 식민지 조선은 그런 게 필요 없으니까 도서관을 학교처럼 일방적인 지식을 전달하는 엄숙한 공간으로 만들었죠. 해방과 한국전쟁을 거쳐 경제 발전을 하면서부터는 입시를 위한 공부방 용도로 도서관 공간이 쓰였고요. 그렇게 도서관은 침묵을 당연하게 강요하는 곳이 되었어요.

또 다른 요인은 규모의 문제에 있어요. 우리나라 도서관은 큰 공간을 가진 곳이 거의 없어요. 도서관 내에 조용히 책을 읽을 수 있는 침묵의 공간도 있고, 동아리 활동을 위한 시끄러운 공간도 있어야 하는데, 규모가 크지 않다 보니 한 공간을 다양한 용도로 쓰는 경우가 많아요. 그러니 일단 조용한 편이 좋죠. 떠드는 사람들은 옆에서 시끄럽게 해도 괜찮은데 조용한 사람들은 주변이 시끄러우면 힘들어하거든요. 최근에는 큰 규모의 도서관이 생기면서 변화가 생기고 있어요. 일례로 충남도서관은 시끄러운 공간과 조용한 공간을 구분해두었어요. 공간의 여유가 있으니까 가능했죠.

이권우 고양시에 있는 일산도서관은 규모가 작은 편이라 그런지 항상 이런 공지가 붙어 있었어요. "3층 공간은 상시로 강의나 회의가 있습니다. ○월 ○일 ○시부터 ○월 ○일 ○시까지니 참고하여 이용해주십시오." 강의나 회의 시간에는 시끄러울 수도 있으니 불편하면 다른 곳으로 가라는 뜻이죠. 이런 문화가 좋은 이유가 도서관이 시끄러워도 된다는 게 수용될 때 민원이 발생하지 않거든요. '조용히 해야 해' 하는 순간 민원이 제기될 수 있죠.

이정모   강남에 있는 어느 도서관에서 강의한 적이 있는데, 거기도 강의 장소를 따로 구분하지 않더라고요. 커다란 열람실에 스크린을 내려 강의하는 거죠. 그곳에서 먼저 책 보던 사람들이 있었는데, 그냥 그 자리에서 있는 사람도 있고 다른 곳으로 가는 사람도 있더라고요.

이권우   아마 그곳도 공지를 미리 해왔을 거예요.

이정모   공간의 역할이 다른 것 같아요. 다시 독일 이야기를 하면, 본대학교 중앙도서관은 큰 공간 하나로 이루어져 있는데 딱 공부만 하는 곳이에요. 그래서 정말 조용해요. 키보드를 치는 사람조차 없어요. 반면에 자연과학대 도서관이나 화학과 도서관에서는 아주 풍성하게 이야기를 나눠요. 우리나라의 경우엔 노원도서관이 배경음악을 틀어놓는데, 음악이 흐르는 공간에서는 이야기해도 괜찮겠다고 느껴요. 음악이 안 나오는 공간에서는 조용히 해야 할 것 같고요. 사람들이 그걸 직관적으로 알아차리더라고요. 이야기해도 되는 공간과 그렇지 않은 공간을 분위기로 구분하는 게 좋았어요.

이용훈   최근 들어 도서관은 약간 시끄러워도 되는 공간으로 분위기가 바뀌고 있어요. 다만 몇 가지 조건들을 점검하고 해결할 필요는 있어요. 성격이 다른 공간을 구분해야 하니 어느 정도 규모를 확보해야 하겠죠. 사실 저는 요즘 도서관의 공간 배치에서 가장 마음에 안 드는 부분이 바깥 풍경만 바라보도록 창가에 책상을 배치한 거예요. 카페처럼요. 젊은 세대의 취향을 반영한 듯한데, 공공 공간은 그러지 않으면 좋겠다는 생각이에요. 도서관은 서로 마주 보고, 상대를 인식하기도 하고, 소곤소곤 얘기도 하는 공간이어야 하지 않을까요.

누구를 위한 공간인가

이정모 보통 어린이열람실에 가려면 도서관 로비를 지나 독립된 공간으로 향하게 되잖아요. 그런데 세종시립도서관에 갔더니 로비에 들어서자마자 어린이열람실이 있더라고요. 자연스럽게 아이들이 뛰어다니기도 하고요.

이용훈 요즘에는 건축적으로 공간이 매우 중요한 시대이니까 도서관의 규모나 공간 구성도 용도에 맞게 전문적으로 이뤄지고 있지요.

이권우 실제로 도서관 건축 분야가 따로 있죠. 건물의 층고가 창의성 증진에 중요한 역할을 한다고 하잖아요. 우리나라는

(wikimedia commons)

보스턴공립도서관

거주 시설이 아파트 중심이어서 층고가 제한되어 있어요. 반면에 공공시설은 층고가 높아요. 전 이게 굉장히 중요하다고 생각해요. 모든 집의 층고가 높을 필요는 없지만, 도서관의 층고는 높아야 하죠. 그만큼 창의성과 인간에 대한 과학적 이해를 바탕으로 하는 건축이 필요해요. 편의성뿐 아니라 잠재적 가능성도 건축적으로 배양해준다면 그만큼 좋은 것이 없죠.

이정모 해외에 있는 대학들을 보면 도서관이 1층에 있거든요. 1층은 층고를 높게 만들 수가 있으니까요.

이용훈 성당이나 교회 같은 종교 시설도 그렇잖아요. 웅장하고 경건해 보이기도 하고요. 코로나 팬데믹 시절에도 층고는 중요한 화두였죠. 층고가 낮을수록 전염병이 확산하기가 훨씬 쉬운 거예요. 당시 미국에서 바이러스 감염으로부터 안전한 실내 공간으로 도서관이 꼽히기도 했습니다. 도서관 대부분이 1층에 자리한 데다 층고도 높고 공간도 비교적 넓으니까 상대적으로 안전하다고 본 것 같아요.

이정모 도서관 공간을 이야기하다 보니, 이권우 선생과 같이 갔던 대구의 지산중학교가 생각나네요. 학교 건물에 들어서자마자 도서관이 있어요. 도서관을 지나야 교실로 갈 수 있는 거예요. 모든 학생이 매일 도서관을 최소 두 번은 지나가야 하니까 다들 도서관에 익숙해지겠죠. 그러다 보니 도서관이 절대 조용할 수가 없고요. 좋은 아이디어더라고요. 도서관이 학교 꼭대기에 있으면 잘 안 가게 되잖아요. 그러니 가장 좋은 위치에 두는 거죠.

이용훈　대학교에서도 기본적으로 도서관을 캠퍼스 중앙에 두거든요.

이권우　잘 알려져 있진 않은데 계명대학교는 웬만한 대학교 본관 자리에 도서관을 두었어요. 정말 학교의 핵에 해당하는 곳에 도서관이 있더라고요. 높이 칭찬할 만하죠.

이용훈　학교 도서관뿐만 아니라 공공도서관도 지역의 중심부에 있어야 해요. 그런데 우리나라 도서관은 외곽에 동떨어져 있거나, 공원 구석에 있거나, 다른 건물 안에 작게 들어가 있는 경우가 많죠. 세계 4대 마라톤 대회 중 하나로 꼽히는 보스턴 마라톤 대회 아시죠? 마라톤 결승선이 있는 곳이 보스턴공립도서관 앞이에요. 그 도서관이 보스턴 시내 한가운데 있거든요. 그래서 도서관이 지역 커뮤니티의 중심으로 기능하고 있죠.

이권우　1960년대에 국립중앙도서관이 서울 소공동, 지금의 롯데백화점 본점 자리에 있다가 도심을 재개발한다고 쫓겨났잖아요. 도서관을 대하는 인식의 차이가 드러나는 상징적인 사례예요.

> 이용훈 누구를 위한 도서관인가에 따라 도서관은 시끄러울 수도, 조용할 수도 있어요. 둘 다 수용할 수 있는 조건들이 필요하다고 봅니다. 요즘 서울시에서 '시끄러운 도서관'이라는 시범 사업을 진행하고 있어요. 장애인과 비장애인이 함께 어울릴 수 있도록 도서관 공간을 조성한 거예요. 느린학습자(발달장애인이나 경계성지능인 등)의 경우에는 책을 읽거나 이용할 때 많은 설명이 필요하고 크게 이야기해야 하는 상황도 다반사죠. 시끄러울 수밖에 없어요. 예전에는 장애인에 대한 도서관 서비스는 시각장애인에 거의 국한되어 있었어요. 점자도서관도 그렇고요. 그러다 점점 청각장애인을 향한 관심이 높아지면서 청각장애인 전용 도서관도 생기고, 느린학습자를 위한 시끄러운 도서관까지로 확장되었어요. 조금씩 사회적 변화가 생겨나고 있는 겁니다.
>
> 또 하나는 청소년 전용 도서관이에요. 혈기 왕성한 10대들이 가만히 앉아서 조용히 책 읽는 게 얼마나 힘들겠어요? (웃음) 그런데 도서관은 조용히 해야 하니까 더더욱 안 오게 되죠. 가뜩이나 시간도 없는데. 그런 청소년들을 도서관에 끌어오기 위해서라도 청소년들을 위한 별도의 공간을 두는 거고요.

이런 다양한 그룹들의 여러 요구를 수용하면서, 다양한 방식으로 도서관이 이용되기 위해 점검해야 하는 부분들을 돌아볼 필요가 있습니다.

이정모 　공간이 여유가 있으면 많은 게 해결될 텐데요.

이용훈 　맞습니다. 이렇게 다양한 사람들의 다양한 요구에 맞춰 도서관 서비스를 제공하려면 공간에 여유가 있어야 하죠. 어떤 면에서 공공시설은 개인이 혼자 누리기 힘든 공간을 함께 공유하는 곳이잖아요. 좀 더 넓고 큰 공간, 그곳이 아름답기까지 하면 더욱 좋겠죠. 전 아직 가보지 못했지만, 유럽의 도서관들은 건물도 아름답고 가구들도 엄청 좋다고 하더라고요.

이정모 　제가 대학생이던 시절에는 연세대학교 도서관 책상이 엄청 좋았어요. 대학 도서관들의 가구가 다 좋죠.

이용훈 　공공시설에서 좋은 가구를 이용하는 것도 시민의 권리이고, 시민을 위한 공공서비스라고 생각해요. 모든 사람이 집에서 비싼 물건들을 쓸 수 있지는 않으니까요. 공공시설에서 이것저것 써보면서 만족감을 느낄 뿐 아니라 미적감각도 기를 수 있죠. 도서관은 '시민의 서재'라고도 합니다. 내 서재는 아니더라도 내가 쓰는 시간에는 내 공간이나 다름없는 거죠. 언제든지 찾을 수 있는 집처럼요.

"도서관은 '시민의 서재'라고도 합니다.
내 서재는 아니더라도 내가 쓰는 시간에는
내 공간이나 다름없는 거죠.
언제든지 찾을 수 있는 집처럼요."

조용한 도서관과 시끄러운 도서관에 관련해서 이런 질문도 해볼 수 있겠네요. 도서관에서 공부만 하는 사람을 그냥 둘 것인가, 못 오게 막을 것인가?

이권우   조용히 혼자 공부하려면 독서실, 아니 스터디 카페로 가야 하는 거 아닌가요? (웃음)

이용훈   과거에 비하면 일반열람실은 많이 없어졌어요. 도서관을 지을 때부터 아예 안 만드는 추세거든요. 그런데 실제로 도서관에 가보면 어느 공간이든 거의 일반열람실 분위기입니다. 공부하는 사람들이 많으니까 정작 책 보고 이야기 나누려는 사람들이 쓸 자리가 없어요.

도서관에서도 경고문을 붙여두긴 하거든요. '개인 공부는 여기서 하시면 안 됩니다', 이런 식으로요. 공간과 좌석이 한정되어 있다 보니 독서하려는 사람과 공부하려는 사람이 충돌하는데, 이 부분을 어떻게 다뤄야 할지 고민이 있어요.

이권우   대안이 있지 않을까요. 말하자면 도서관과 학습관을 별도로 구분하는 거예요. 구체적인 사례도 있어요. 광진정보도서관은 두 개 동으로 이루어져 있는데 한 동은 도서관, 한 동은 일반열람실로 분리되어 있지요. 두 건물이 구름다리로 연결되어 있고요.

이정모　도서관에도 스터디 카페 같은 공간을 마련하고 유료화하면 어떨까요? 시간당 얼마라도 내라고 하는 거죠.

이권우　열람실을 그냥 없애기는 어려워요. 청년 실업률도 높고 초고령화로 재취업을 준비하는 중년층도 많아져서 열람실에 대한 수요는 쉽게 줄어들지 않을 가능성이 커요. 도서관에서 일반열람실을 없애나가려면 분명한 대안이 있어야 해요. 이 또한 공공 영역이 포기하면 안 되는 부분이라고 생각하거든요.

저는 열람실을 평생학습관이나 청소년센터 같은 곳으로 옮기면 좋을 것 같아요. 이정모 선생 말처럼 공립 스터디 카페를 만드는 것도 방법이 될 수 있고요. 아니면 스터디 카페를 이용할 수 있는 바우처를 지급하는 형태로 경제적 지원을 해주는 거죠. 도서관은 제 역할을 할 수 있도록 하고요.

이용훈　사실 평생교육도 도서관 기능 중 하나거든요. 실제로 도서관이었다가 평생학습관으로 바뀐 곳도 꽤 있고요. 기능에 따라 도서관의 공간을 구분하면 어떨까요? 운영 시간대에 따라 출입문을 달리하거나 공간을 달리하는 식으로 말이죠.

이권우　서울시 광진구가 그렇게 했는데 민원 때문에 힘들었다는군요. 학습관, 즉 일반열람실에서 나오는 민원이 너무 심해서 도서관 본연의 업무에 지장이 생긴다는 이야기를 들었어요. 주로 시끄럽다는 민원이 대부분이에요. 공부에 방해된다는 거죠. 우리도 익히 예상할 수 있잖아요. 도서관이 중점을 두어야 할 역량이 분산되는 상황을 막기 위해서라도, 두 기능은 완벽하게 구분하는 게 맞다고 봐요.

　　　이용훈　아무래도 절박한 사람이 목소리가 클 수밖에 없으니까요. 대개는 조용한 공간을 바라는 쪽이 더 간절하니까 목소리를 더 크게 내요. 그래서 저도 공간의 완벽한 분리가 가장 좋다고 생각은 해요. 다만 이런 사안에 대한 판단부터 결정, 대안, 실현에 이르는 과정 전반에 시민들의 참여가 이루어지면 좋겠어요. 어떤 공간이 시끄러운지 아닌지도 이용하는 사람의 관점이 중요하잖아요.

　　　이명현　저는 우선순위와 전략의 문제라고 봐요. 도서관이 사람들에게 필요한 공간을 제공하는 것을 지향한다면, 지금과 같은 조용한 열람실 분위기도 감당해야겠죠. 하지만 도서관이 훨씬 더 열린 교류의 장으로 자리매김하고 싶다면 이전의 기능은 과감하게 포기해야죠.

내가 원하는 책 vs 도서관에 필요한 책

이용훈　이번엔 도서관 장서에 관한 질문입니다. '이용자가 원하는 책은 전부 구매해야 하는가? 아니면 가치를 우선해서 사야 하는가?'

이권우　저는 가치를 우선해야 한다고 생각해요.

이정모　이용자의 요구와 가치, 두 가지 모두에 비중을 둬야겠죠. 예를 들면 도서관이 매달 사는 책의 1퍼센트는 이용자가 원하는 책에 할애하는 식으로요. 신청이 많이 들어온 순서로, 그게 아니면 선착순으로 채우는 거죠.

이권우　1퍼센트는 너무 적지 않나요? 10퍼센트면 몰라도! 도서관이 수서에 쓸 수 있는 예산이 그리 많지 않거든요.

이용훈　그건 그래요. 2024년 통계를 보면 공공도서관의 도서 구입 예산이 도서관당 8800만 원 정도였어요. 작은도서관은 훨씬 적고요.

이정모　도서관당 예산이 8800만 원이라고 하면, 정가 1만 6000원인 책을 5500권 정도 살 수 있네요. 5500권의 1퍼센트면 55권이니까 한 달에 대략 네다섯 권이고요. 적긴 하네요.

이용훈　도서관의 중대사 중 하나가 그해에 어떤 책을 살지를 정하는 일입니다. 먼저 사서들이 구매 도서 목록을 정리하면 선정위원회에서 논의를 거쳐 결정해요. 희망도서제의 가장 큰 장점은 몇몇 예외 조건을 제하곤 이용자가 원하는 대로 책을 구매한다는 점이에요. 참고서나 고가(대체로 정가 5만 원 이상)의 책들만 아니면 거의 가능해요. 사서라고 해서 출간되는 모든 책을 알지는 못하고, 도서관이 이용자의 일상적이고 개인적인 필요에 대해서도 서비스를 제공할 의무가 있으니 조건에 부합한다면 최대한 이용자의 요구를 들어주자는 거죠. 최근에는 '희망도서 바로대출제' 같은 제도들이 추가되면서 그 비중이 점점 커지고 있어요.

이권우 저는 서점에서 책을 가져다 보고 도서관에 반납하는 바로대출제에 굉장히 문제가 있다고 봐요. 이런 책들 대부분이 몇몇 개인의 욕구를 충족시키는 책이거든요. 도서관에 들어왔을 때 공공적으로 많은 사람이 이용할 수 있는 책은 아니라는 뜻이죠. 시민의식이 뒷받침되어야 할 부분입니다.

아무리 희망도서라고 해도 다른 사람도 볼 만한 가치가 있는 책인지 나에게만 필요한 책인지를 생각해야 해요. 예를 들면 처세술, 실용서, 참고서는 나만을 위한 책일 수 있잖아요. 개인적 욕망의 실현에 필요한 책은 자기가 사서 봐야죠.

이정모　사실 희망도서가 꼭 필요하지 않을 수도 있어요. 애초에 도서관보다는 지방자치단체장의 필요에 따라 만들어진 제도잖아요. 모두에게 필요한 책이라면 이미 사서가 판단해서 구입했겠죠.

이명현　저도 동의해요. 도서 구입은 사서가 중심이 되어야 한다고 생각해요. 보완을 위해 운영위원회에서 희망도서를 결정할 수도 있고요. 지금처럼 개인의 신청을 받는 것은 지양해야 한다고 봐요. 시민들의 참여를 북돋는 일도 필요하지만, 그 참여가 너무 개별화되면 문제가 생기니까요.

이권우　특히 정치색이 강한 책, 특정 정치인과 관련된 책이 나오면 이걸 샀느니, 안 샀느니 하는 시비가 생기기도 하잖아요. 그것도 문제가 있어요.

이용훈　대부분 도서관은 희망도서 예산을 일정하게 정해놓고 운영하는데요, 저도 도서관 현장에서 일할 때 5퍼센트 정도로 책정했습니다. 그런데 최근에 여러 사회적 이슈랑 결부되면서 희망도서 비중을 점점 늘리는 추세예요.

이정모　희망도서 비중이 높은 곳이라 하면 어느 정도인가요?

이용훈　정확한 수치는 조사를 해봐야겠지만 30~50퍼센트 되는 곳도 있을 거예요. 앞서 잠깐 언급한 동작도서관의 경우 도서관 전체 자료 구입비 중 희망도서 예산이 44.7퍼센트라는 보도를 본 적이 있습니다. 만족도 조사를 해보면 희망도서제가 인기가 많거든요. 이 제도를 이용하는 사람들의 만족도가 엄청 높다는 뜻이죠. 내가 원하는 책을 무료로 보니까 그럴 수밖에 없죠. 만족도 조사라는 게 공공서비스의 치명적인 단점이기도 해요. 무조건 만족도만 추구하다 보면 공공의 관점에서 중요한 지점을 놓칠 수도 있고요. 또 바로대출제 같은 경우는 지역서점과도 관련이 있다 보니 고려해야 할 면도 많고요.

그래서 희망도서제가 시민들에게 좀 더 제대로 알려지면 좋겠어요. 예컨대 희망도서 신청이 거부되잖아요? 그럼 책을 영영 안 산다는 뜻이 아니고, 다음에 사서들이 수서할 때 참고한다는 말이거든요. 정가 5만 원 이상의 책도 필요하다면 사거든요. 비용이 높으니까 논의를 더 하는 것뿐이죠.

이정모 수서 예정인 도서 목록을 도서관끼리 공유하는 방법은 없나요? 다른 도서관에서 어떤 책을 살지 알 수 있으면 우리가 놓친 책이 무엇인지 살펴볼 수 있잖아요.

이용훈 구입해서 비치된 후에 참고할 수는 있죠. 다만 사전에 조율하기는 현실적으로 어려워요. 하나의 조직도 아니고

도서관별로 역할 분담이 이뤄지는 체계도 아니라서요. 각 도서관이 지역마다 개별적·독립적으로 운영되다 보니까 업무 정보를 사전에 공유하기는 어려운 구조예요.

도서관에서 책을 선별하고 구매하는 일은 굉장히 중요한 문제거든요. 도서관을 어떤 책으로 채우고 꾸미는지가 도서관 서비스의 시작이잖아요. 이용자들은 그 책을 보러 오는 거고요. 그만큼 수서에는 고도의 전문성이 필요해요. 많은 정보를 확인하고 의견도 듣고 정리도 해야 하죠. 조사하고 판단하고 결정하는 일련의 과정을 결국은 사람이 해야 하는데 현장에 사서 인력이 부족하니 문제예요. 수서 업무를 전적으로 맡을 사서도 없고, 그러다 보니 수서에 관한 전문성을 키우기도 어렵습니다.

이권우   역발상 희망도서제를 시행하는 건 어떤가요? 각자가 희망하는 책을 구매해 읽은 뒤 도서관에 기증하는 거죠.

이정모   말이 되는 얘기를 해야지! (웃음)

이용훈   기증하는 건 지금도 가능해요. (웃음)

이권우   그런데 도서관에서 잘 안 받죠?

이용훈   기증은 도서관에서 장서를 채우는 중요한 방법 중 하나예요. 다만 책의 가치를 고려해야 하기 때문에 모든 책을 기증받을 수는 없어요. 이권우 선생이 말한 방식이 유의미한 부분도 있어요. '우리 도서관에 필요한 책이 이겁니다', 이렇게 사전에 공지하고 기증을 받으면 좋죠.

이정모 기증이 어렵죠. 압력을 받을 수 있거든요. '기업 발전을 위해서 이거 좀 해주셔야 하지 않겠습니까' 하는 식으로요! (웃음) 실제로 대기업들은 공공기관에 기증할 수 있는 것도 많고, 기증하고 싶어 하기도 해요. 그런데 과정이 엄청 복잡해요. 심의위원회도 점점 힘들어지고요.

이용훈 공공기관은 세금으로 운영하기 때문에 원칙적으로 외부로부터 기부를 받을 수도 없고 요구할 수도 없어요. 엄밀하게 볼 때 공공 영역에서 기증은 기부 행위거든요. 그래서 기증을 받으려면 심의위원회를 열어야 하고 기증받은 물품에 대한 관리도 까다롭게 이뤄지죠. 기부 가능한 금액의 한도와 품목도 정해져 있어요.

다만 도서관은 기증을 받을 수 있도록 법적으로 허용되어 있어요. 최근에 공립도서관이 금전을 제외한 기부금품은 모집할 수 있게 도서관법을 개정하자는 의안이 국회에 제출되었다는 소식이 있더라고요. 이 법이 통과될지는 모르겠지만요.

'얼마나 많은가'가 아니라 '어디에 있는가'

이용훈 다음 질문은 많은 이야기가 나올 것 같네요. '우리나라에서 도서관 수는 어느 정도가 적절한가?'입니다. 참고로 우리나라 공공도서관 수는 2024년 말 기준으로 1296곳입니다.

이정모 그것밖에 안 되나요?

이용훈 공공도서관은 1296곳(2024년), 작은도서관은 6875곳(2023년)이 있습니다. 합하면 거의 8200개가 되겠네요. 수도권에서는 웬만하면 10분 거리에 도서관이 있잖아요. 그런데 지방은 사정이 달라요. 강원도 같은 경우는 도서관까지의 이동 시간이 두 시간을 넘기기도 해요. 서울은 평균 14분 정도 소요되고요. 이처럼 지역별로 도서관 접근성의 격차가 굉장히 심한데 일단 숫자상으로는 그래요. 도서관 수가 이 정도면 적절한지, 아니면 더 많이 필요한지 여러분의 의견을 듣고 싶어요.

이정모 도시, 특히 수도권은 도서관이 있을 만큼 있다고 생각해요. 지방이 정말 심각하죠. 강원도 삼척의 경우에는 도서관이 세 개밖에 없어요. 삼척이 얼마나 넓은가요! 서울시의 두 배잖아요. 그런데 시내에 살지 않으면 도서관을 이용하기가 거의 불가능한 셈이죠. 실제로 그곳 아이들의 대다수가 도서관에

"중요한 건, 걸어서 또는 자전거를 타고서
문화시설에 갈 수 있는지예요.
큰 도서관, 큰 과학관이 아니고요."

가본 적이 없대요. 도서관은 날을 잡고 스쿨버스로 탐방하는 곳인 거죠. 인구밀도가 낮으니까 도서관 규모도 크지 않고요.

결국 곳곳에 작은도서관들, 일종의 순회도서관을 만들어야 해요. 주민센터든 보건소든 필수 행정기관들은 다 있잖아요. 그런 공간들을 활용해서 도서관도 함께 운영하는 거죠. 상주 직원을 두기는 어려우니, 평상시엔 주민이나 행정 공무원들이 관리하고 주요 사항들은 순회 사서가 돌아다니면서 체크하면 되잖아요. 그래서 인구밀도가 낮은 지역일수록 작은도서관이 더 필요할 것 같아요. 도서관이든 과학관이든 규모가 큰 곳들은 이미 충분히 갖춰져 있거든요.

한국도 이제 선진국의 반열에 올랐잖아요. 선진국과 후진국의 차이 중 하나가 선진국은 사람들이 걸어서 또는 자전거를 타고서 갈 수 있는 곳에 문화시설이 있다는 거예요. 큰 도서관, 큰 과학관이 중요한 게 아니라요.

이권우 전적으로 동의해요. 우체국이 없는 지역에 가면 별정우체국이 우편 업무를 위임받아 운영하거든요. 작은도서관이 별정우체국 같은 역할을 맡으면 어떨까요. 작은도서관 대부분이 시민의 의지로 만들어지는데, 여기에 필요한 것들을 공공 영역에서 지원하는 거죠. 이렇게 하면 공무원 수를 늘릴 부담도 없고, 관료형 사서가 생길 우려도 없고요. 어떻게 적절한 지원을 해줄 수 있는지만 고민하면 되죠. 이를 통해 더 많은 작은도서관이 생겨날 수도 있고요. 대형 도서관은 나름의 역할이 있고 어느 정도 잘 돌아가고 있잖아요. 이제는 문화운동의 일환으로 지역 주민과의 밀착성이 높은 작은도서관이 부흥할 수 있도록 지원이 필요해요.

이정모　교회나 절 같은 공용 시설에서도 가능하지 않을까요?

이권우　그런 곳들은 한계가 좀 있죠. 종교 시설이나 아파트 단지 내의 공간은 아무래도 일반에 개방을 잘 하지 않으니까요. 개방한다 해도 공간의 특수성 탓에 더 많은 사람이 가기 어려울 수도 있죠.

이명현　조금 더 공공적인 시설이 좋을 것 같아요.

이권우　앞에서 말했듯이 주민센터나 보건소는 이미 적당한 위치에 있잖아요. 그런 공용 공간을 무상으로 임대만 해도 충분하다고 생각해요.

이용훈　이런 논의에 전제되어야 할 게 있어요. 어떤 도서관이 얼마나 필요한지에 대한 조사가 이뤄져야 해요. 생활 사회 간접자본SOC 중 접근성을 보면, 일상생활에 필요한 기반 시설,

이를테면 학교와 유치원, 학원, 노인 시설 등이 10~15분 내 반경에 있거든요. 이런 국가적 기준이 마련되어 있어서 이제는 지리 정보만 확인해도 기반 시설의 현황을 한눈에 볼 수 있어요. 도서관이 개수로만 보면 많은 것 같아도 실제로는 어느 지역엔 부족하고 어느 지역엔 밀집되어 있거든요. 같은 동네에 도서관이 두 개나 붙어 있기도 하고요.

이권우 아! 지리산 밑 구례군에 있는 도서관이 그렇죠?

이용훈 맞아요. 도서관 두 개가 서로 문을 마주 보고 있어요. 하나는 교육청이, 하나는 군청이 운영해요. 굳이 그럴 필요가 없잖아요. 하나만 두고 나머지는 다른 데로 옮겼어야 하죠. 사전 조사만 충분히 했어도 벌어지지 않았을 일이죠.

이명현 성균관대 김범준 교수의 저서 《세상물정의 물리학》을 보면, 예전에 스타벅스 점포가 어떤 식으로 분포되어 있는지를 복잡계 방법론으로 연구한 것에 대한 언급이 있어요. 김범준 교수가 그걸 토대로 학교가 어떤 식으로 분포되어 있는지를 연구하고, 또 어떻게 분포되면 좋은지를 제시했어요. 그래서 나온 결론이 학교가 생각보다 잘 배치되어 있다는 거였어요. 이런 걸 연구하는 학문을 사회물리학이라고 해요.

사회물리학과 복잡계를 연구하는 학자들은 이런 연구를

매일 하고 있거든요. 그러니까 도서관을 가장 적절하게 분포시키는 법 같은 것도 이분들한테 연구 용역을 주면 돼요. (웃음)

이용훈　도서관과 관련해서도 몇몇 지역에서는 비슷한 연구들이 이루어지고 있어요. 지금은 기술적으로 지리 정보와 생활 정보가 시스템으로 다 연결되어 있잖아요. 도서관을 짓고 관리할 때에도 이런 데이터를 활용하면 좋은데 아직 그 단계까지 나아가지 못했어요. 그러다 보니 핌피PIMFY 현상, 즉 '내 집 앞에' 도서관을 만들어달라는 요구가 엄청 높죠. 이미 '내 집 앞에' 있는 건 없어지면 안 되고요. 우리나라도 전체로 보면 도서관 수 자체는 적지 않아요. 다만 현실적으로 불균형 문제가 있으니 적당히 재배치할 필요가 있죠. 또 도서관 건립과 운영에 자금이 필요한데 공공 영역이 무한정 부담하면서 새로 지을 수는 없거든요.

　　그래서 도서관을 포함해 공공시설의 현황과 실태를 좀 더 자세히 파악할 필요가 있어요. 이명현 선생이 말했듯이 사회물리학적으로 분석하고 기존의 시설을 재조정하는 안을 공론화해야 해요. 무엇보다 현재 공공시설의 건립과 운영·관리 업무 전반을 지자체에서 도맡고 있거든요. 비수도권이나 산간벽지일수록 이런 시설이 절실한데 세수는 상대적으로 적으니까 지자체가 어려움을 겪을 수밖에 없죠. 그래서 인프라의 지역 격차가 점점 더 심해지는 거고요.

　　서울시만 봤을 때 작은도서관은 927곳(2023년), 공공도서관은 212곳(2024년) 정도로 꽤 많은 편이거든요. 사실상 수도권(서울, 경기, 인천)에 대한민국 도서관의 절반이 있어요. 물론 우리나라 전체 인구도 절반가량이 수도권에 거주하고 있죠. 그러니까 나머지 절반의 인구는 그 넓은 땅에 퍼져 있는 나머지 절반의 도서관을 이용하는 거예요. 접근성이 떨어지니까 사람이 오지 않고 운영도 어려운데 관리는 계속해야 하죠. 한편에서는 시민들의 문화적 요구가 나날이 높아지고요. 복합적으로 어려워지는 거예요. 이제는 이런 문제를 사회 전반에서 고민해야 한다고 생각합니다. 이른바 도서관의 사회적 재배치가 필요한 때가 된 거죠. 이런 재배치를 고려할 때, 도서관 같은 공공시설은 분산시키는 것이 좋을까요? 아니면 한곳에 집중시키는 것이 좋을까요?

　　이권우　인구 소멸 지역은 오히려 집중하는 게 낫죠.

　　이용훈　충남 금산군 같은 경우엔 공공문화시설 대부분을 중심지에 모아두었다고 하더라고요. 압축 도시compact city의 개념처럼 사람들이 읍내에 나온 김에 보건소도 들르고 도서관도 가는 거죠. 인구밀도가 낮은 곳이라도 기본적인 공공서비스는 제공되어야 하니까 압축 도시에 대한 논의가 점점 늘어나고 있어요. 다만 사람들의 발길을 유도할 뭔가가 필요하잖아요. 과거에는 학교가 그 역할을 했는데, 최근에는 SNS의 영향인지 문화시설에 대한 요구가 높아지고 있어요.

   이정모 장기적으로 지방에서는 흩어져 살지 말고 모여 살아야 할 거예요. 교육 때문이죠. 지방 소멸 시대라고 하잖아요. 군 단위에서 매년 태어나는 아이가 수십 명 정도에 불과한 곳이 많습니다. 이젠 입학생이 한 명인 게 특별한 뉴스가 아닌 시대예요. 교육의 질을 높이기 위해서는 아이들을 한 학교에 모아둬야 하는데, 먼 거리를 매일같이 통학하기는 쉽지 않으니까 자연스럽게 학교 근처에 살게 될 거예요. 읍내에 공공임대주택을 지어서 사람들을 살게 하고 복지 서비스도 제공하는 거죠. 중심지에 살면서 차 타고 농사 지으러 다니는 방식으로요.

   인구가 너무 줄어드니까 어쩔 수 없어요. 장수군에 거주하는 인구수가 2만 명 정도 되거든요. 서울로 치면 대단지 아파트 하나의 규모예요. 장수군 면적은 대전광역시랑 거의 비슷한데 말이죠. 이렇게 적은 수의 인구가 그 넓은 지역에 흩어져 있으면 여러모로 어려움이 크죠. 지금처럼 도서관 건물을 짓다 보면 나중에 감당이 안 될 거예요. 최대한 기존의 시설을 사용해야 합니다.

<small>이권우</small> 정말 중요한 부분이에요. 지방의 인구 소멸 문제는 국가 발전과 미래에 대한 비전이 뒷받침되어야 하는 사안이라서 어려움이 많죠. 주민들의 터전을 옮기기도 쉽지 않을 거예요. 농업에 종사하는 사람들은 농토가 집에서 가까워야 한다고 생각하기 때문에 설득하기 더 힘들고요. 정말 많은 유인책을 제공해야 모일 거예요. 오도이촌五都二村처럼 두 개의 집을 오가며 생활하는 것도 하나의 방법이죠. 평일에는 읍내에 모여 살다가 주말이 되면 원래 살던 집으로 가는 식으로요. 이처럼 인구 소멸 지역에 대한 국가적 차원의 배려가 이뤄지고, 그 일환으로 도서관 문제도 풀어야 하는데 참 어려워요.

<small>이정모</small> 도서관에 관해 이야기하다가 어느새 거대한 주제에 닿았네요.

<small>이용훈</small> 도서관이라는 곳이 하나의 사회현상을 보여주는 현장인 동시에 어떤 사회문제를 푸는 실마리가 될 수도 있으니까요. 아까 도서관이 강좌나 동아리 활동 등을 조직하면서 사회에, 이용자에게 질문을 던지는 곳이 되어야 한다고 했었죠? 그럴 때 개인적인 문제에 대한 질문이 아니라 공동체 차원의 문제

에 대해 질문할 수 있다면 좋을 텐데 난항을 겪고 있죠. 무엇보다 도서관 사서가 일련의 과정을 주도해야 하는데 그에 걸맞은 인식과 역량, 의지가 갖춰져야 가능한 일이잖아요. 사서 개인의 역량도 중요하겠지만 시스템의 문제도 있고요.

　　　　이정모　　간혹 시골에 가면 학생은 몇 명 없는데 도서관 시설이 엄청 좋은 학교가 있어요. 그런데 거기는 학생들만 사용하잖아요. 누구나 자유롭게 드나들면서 이용하면 좋은데, 학교는 보안이나 관리 문제로 복잡해지니까 꺼리겠죠. 그러니까 지자체와 학교가 연계하는 도서관 시스템을 구축해야 해요. 시나 군이 도서관 운영에 참여하고 필요한 비용도 함께 부담하는 거죠.

　　　　이용훈　　학교 도서관을 개방해서 운영하는 곳들이 지금도 있어요. 제주북초등학교 김영수도서관이 좋은 예죠. 개교 100주년 기념관에 들어서 있는데 작지만 독립된 건물이거든요. 도서관이 학교 건물 안에 있으면 일반인들의 왕래가 어려우니까 별도의 건물에 도서관을 설치한 거죠. 학교 수업이 있는 평일 오전과 오후에는 학생과 교직원만 쓰고, 평일 저녁과 주말에는 마을 주민 누구나 이용할 수 있어요. 학교복합시설 활성화 사업에 따라 지원도 받고요. 또 요즘에 아이들이 급격하게 줄어들어 폐교하는 학교가 많은데, 기존의 학교 시설을 도서관으로 꾸며 개방하는 경우도 많아요.

이정모 최근에 새로 지은 학교를 가봤는데, 학교 입구에 체육관이 함께 있더라고요. 이렇게 독립적인 건물에 만들면 되는 거잖아요. 울타리로 구분하고.

이용훈 요즘은 일반인들에게 개방하는 학교가 많아졌어요. 이게 중요한 이유가 있는데요. 아까 우리나라에 도서관이 8200곳 정도 있다고 했잖아요. 전국에 초중고등학교는 1만 곳이 넘어요. 학교마다 거의 도서관이 있고, 공간 상태도 나쁘지 않아요. 교실 두 칸 정도! 도서관을 개방하는 대학교도 꽤 있어요. 그런 곳까지 합하면 사실 우리나라는 도서관 숫자가 적지 않아요. 학교도 공공 영역에 포함되니까요. 제도적인 개선을 통해 이런 통계 데이터도 정비하고, 특히 농어촌의 경우 폐교한 학교처럼 쓰임이 다한 기존의 시설들을 지역 주민과 어떻게 공유할지 논의해야겠죠.

이정모 도서관 수가 2만 개쯤 되는 거네요!

이권우 이게 다 연결되고 네트워크를 형성해야 한다는 뜻이잖아요.

이용훈 물론 도서관만 나서서 될 일은 아니에요. 공공도서관마다 운영 주체가 다른 문제가 있거든요. 교육청 소속도 있고, 지자체 소속도 있죠. 30년 전만 해도 공공도서관은 거의 교육청에서 관리했는데, 1990년대에 지방자치제가 시행되면서 지자체에서도 도서관을 여럿 지었어요. 2023년 기준 교육청 소속 도서관이 235곳이고, 지자체 소속 도서관이 1008곳입니다.

  이권우 도서관 건립 권한을 지자체에 준 것이 도서관 확산의 중요한 계기가 되었네요.

  이용훈 맞아요. 다만 공공도서관이라 해도 소속 기관이 다르고 교육자치와 지방자치의 통합 문제가 결부되어 있다 보니 도서관 간 네트워크 형성이 지지부진하다는 단점도 있고요. 그래서 도서관 행정체계를 일원화하자는 논의도 이뤄지고 있어요.

  이정모 도서관청 같은 기관을 만들면 어떨까요? 규모로만 봐도 충분히 실현 가능하잖아요.

  이용훈 아주 좋은 생각인데요! (웃음) 국가유산청이나 소방청처럼 말이죠. 사실 2017년에 소방청이 소방 역량 강화를 위해 독립된 국가기관이 되는 걸 보면서 도서관청도 가능하지 않을까 생각했는데 아직 힘들겠더라고요. 단순히 도서관의 문제라기보다는 사회 전반에서 도서관을 어떻게 바라보고 인식하는지의 문제인 것 같아요.

5부
―

미래에도 도서관은
살아남을 수 있을까

"이제는 '라이프러리'가 되어야 합니다.
자꾸 책을 강조하기보다는
책에 대한 언급을 줄이는 게
오히려 사람들의 지적 활동을 유도하는
기회가 될 수 있어요."

책 읽는 사람이 줄어든다

이용훈   도서관이 계속 늘어나고 책도 나날이 많아지는데 독서율은 떨어지고 있잖아요. 국민독서실태조사에서 발표한 최근 10년간의 추이를 보면, 1년 동안 책을 한 권이라도 읽었다고 응답한 사람이 72퍼센트(2013년)에서 43퍼센트(2023년)로 급감했어요. 같은 기간 동안 공공도서관 수는 꾸준히 증가했고요. 이런 상황에서 도서관이 독서 진흥에 도움이 된다고 말할 수 있을까요? 사람들이 책을 더 많이 읽게 하는 데 도서관이 어떤 역할을 할 수 있을까요?

이정모   정말 독서율이 낮아지고 있을까요? 통계를 누가 어떻게 내느냐에 따라 결과는 다를 수도 있어요. 과거에는 책을 더 많이 읽었나요? 이전 세대는 우리 세대보다도 더 안 읽었던 것 같은데……. 대학생들이 본격적으로 책을 읽었던 게 1980년대 학번부터였을 거예요. 그전에 몇 명이나 읽었어요? 거의 안 읽었잖아요. 도서관이 독서 확산에 도움이 되는 건 당연해요. 그러려고 도서관이 있는 거 아닌가요?

이권우 사실 독자의 탄생, 즉 책 읽는 사람을 만든다는 건 굉장히 어려운 일이에요. 진화의 관점으로도 읽고 쓰는 능력은 유전되지 않는다고 하잖아요. 우리 사회가 자꾸 놓치는 부분인데, 교육도 결국 읽고 쓰는 사람을 만들어내는 거예요. 따지고 보면 우리 세대엔 책 읽는 사람이 별로 없어요. 오히려 요즘 세대에 많죠. 제도적 지원이 뒷받침될 때 독자가 탄생할 가능성도 높아지니까요.

우리 세대가 읽고 쓰는 행위엔 능할지 몰라도 토론하는 행위에는 부족함이 많아요. 삶 전반에서 토론을 경험한 적이 거의 없거든요. 지시와 복종의 문화만 겪었죠. 토론이란 걸 이론적으로만 숙지하고 다음 세대에게 가르치니까 그 가치를 강조하는 데 그치죠. 그렇기에 도서관의 다양화가 매우 중요해요. 일반인을 상대하는 공공도서관 외에도 어린이에게 특화된 작은도서관, 학생들을 위한 학교 도서관을 두는 거죠. 이렇게 사람들이 독서와 끊임없이 밀접한 관계를 맺을 수 있도록 공간과 서비스를 제도적으로 지원하는 일이 중요해요.

우리 세대가 대단한 점은 별다른 지원을 받지 않고도 책 읽는 사람으로 자란 거예요. 그야말로 기적이죠. 다만 이걸 일반적 기준으로 삼을 순 없어요. 앞으로도 우리 세대 같은 방식으로 책 읽는 사람이 나오리라 낙관해서는 안 된다는 말이에요. 제도적 지원에 힘입어 책 읽는 사람이 탄생해야만 독서의 확산도 지속 가능해질 겁니다.

이명현 우리가 어렸을 땐 읽어야 할 책들이 정해져 있었죠. 그걸로 시험을 보고 강제로 독후감을 써야 하는 게 아이러니했어요.

이권우 '자유교양도서'라는 게 있었죠. 초등학생을 위한 필독서니까 쉬울 거라고 생각할 수 있는데 주로 사마천의 《사기》나 대니얼 디포의 《로빈슨 크루소》 같은 고전들이었어요. 이런 책들을 한국자유교육협회에서 국가 지원을 받아 최초로 번역했죠. 지금도 교양이나 학술 부문에는 저술과 번역 비용 일부를 나라에서 지원하는 제도가 있잖아요. 아주 중요한 책들도 국가 지원이 없으면 국내에 출간되기 어려운 현실을 보면 아직도 한국 사회에는 책 읽는 문화가 제대로 자리 잡지 못한 것 같아요.

  이용훈 그렇죠. 정부가 국민독서실태를 조사해 2년마다 발표하고 있는데 2023년 성인 종합 독서율이 43퍼센트였어요. 2021년 47.5퍼센트에서 4.5퍼센트포인트 낮아진 거죠. 통계를 집계하기 시작한 이래 성인 독서율은 계속 떨어지고 있어요. 예전에 이 안건으로 문화체육관광부 도서관 담당 부서에서 대책 회의를 한 적이 있어요. 저는 관점을 바꿔보자고 했어요. '이용자 수가 줄어든 덕분에 사람들이 도서관을 더 쾌적하고 편안하게 이용하게 된 건 아닐까'라고요. 그리고 도서관 수가 늘어났으니 도서관 한 곳당 이용자 수는 줄어드는 게 당연하지 않을까요?

  이권우 강연 때문에 도서관에 갈 일이 많은데, 좀 일찍 도착해서 둘러보면 이용자들이 의외로 많더라고요. 그리고 과거의 도서관과 달리 공간이 너무 좋아요. 그런 공간에서 정말 부러울 정도로 행복하게 책을 읽고 있더군요.

  이정모 도서관 이용자가 줄어든다는 건 도서관당 이용자 수가 줄어드는 거예요? 아니면 전체 도서관 이용자 수가 줄어드는 거예요?

  이용훈 둘 다 줄어들고는 있는데, 도서관당 이용자 수의 감소가 아무래도 더 현실적으로 다가오죠. 통계를 확인해보니, 공공도서관의 연간 전체 방문자가 2019년 2억 8400만 명 정도였다가 2020년 코로나19로 약 9000만 명으로 급감했어요. 이후 조금씩 올라서 2024년에 다시 2억 명 수준으로 회복되었습니다. 공공도서관 한 곳당 방문자 수로 보면 2019년 25만여 명이었는데, 2020년 약 8만 명 수준으로 급격하게 줄었지요. 2024년에 17만 명 수준으로 늘어났지만, 2019년에 비하면 크게 줄어들기는 했네요.

이권우 인구수는 줄고, 도서관 수는 늘었으니까요.

이정모 특히 청년층 인구가 확 줄었죠. 인구가 그렇게나 많이 줄었는데도 도서관이 이 정도 숫자를 유지한다는 건 꽤 괜찮은 수준이 아닐까요! 그 이유는 독서율 때문이라고 봐요. 특히 젊은 세대의 독서율이죠. 2023 국민독서실태조사를 보면 20대의 독서율이 74.5퍼센트로 가장 높더라고요.

더 나은 세상을 상상하는 힘

이권우 2024년 12·3 비상계엄 사태가 일어났을 때 깜짝 놀란 건, 그 짧은 시간에 국회로 달려간 시민이에요. 그때 저는 독서 중이었는데, 마침 책을 다 읽어서 페이스북을 열었더니 계엄령이 발표되었다는 거예요. 너무 깜짝 놀랐죠. 바로 TV를 켰더니 대통령이라는 작자가 계엄령을 선포하고 있더라고요. 그 순간을 봤거든요. 그런 와중에도 저는 계엄군이 국회를 점령하리라는 생각은 못 했어요. 그런데 그 많은 시민이 국회로 뛰어간 거예요. 그러고는 총을 든 군인에게 맞섰죠. 그것도 비폭력적으로! 군인이 시민한테 총을 겨누지 못한 것도 한국 사회에 최소한의 윤리가 확보됐다는 뜻이죠.

결과적으로는 허망하고 어설픈 작전이 된 듯해도, 알고 보면 아주 치밀하고 조직적인 과정으로 이뤄졌더군요. 그런데 그걸 막았습니다. 시민의 힘과 군인의 양심, 즉 시민을 향해서 총을 겨눌 수 없다는 양심이 해낸 거죠. 우리 세대는 1980년에 계엄을 경험했고 그에 대한 트라우마가 있으니까 이 정도만 해도 어마어마한 발전이라고 생각해요.

그런 측면에서 지식과 교양이 더 많이 공유되어야 할 필요성을 느낍니다. 우리가 엄혹한 시대를 지나면서 사회를 분석하고 앞으로 어떻게 나아가야 할지 미래를 상상했던 힘이 이번 비상계엄 사태를 조기에 종식시킨 거잖아요. 어떠한 쿠데타도 허용하지 않는 더 나은 미래를 만들고 민주주의의 성과를 더 많

(ⓒskrypnykov/shutterstock)

"지식과 교양에 바탕을 두지 못한
민주주의는 허약할 수밖에 없어요.
독서로 지식과 교양을 배양한다는 점에서
도서관은 민주 시민의 양성소와 같습니다."

이 누리기 위해서는 폭넓은 지식과 교양이 요구됩니다. 지식과 교양에 바탕을 두지 못한 민주주의는 허약할 수밖에 없어요. 그래서 도서관의 역할이 매우 중요하죠. 독서를 통해 지식과 교양의 힘을 배양한다는 점에서 도서관은 민주 시민의 양성소라고 할 수 있어요.

이용훈 민주주의는 시민 하나하나가 주권자로서 시대의 흐름을 제대로 이해하면서 공동체의 문제를 판단하고 결정하는 제도잖아요. 결국 개인의 역량을 고양해야 하는 거죠. 그동안은 독서 활동을 통해서 시민 역량 수준을 전반적으로 높여왔고요.

이명현 독서를 하면 지식과 교양이 생길 수밖에 없어요. 책을 읽다 보면 질문을 던지고, 문제의식을 품고, 서로 다른 것을 비교 분석하는 과정을 자기도 모르게 거치게 되니까요.

이권우 그래서 극우파가 집권하면 가장 먼저 출판계와 도서관을 억압하잖아요. 예산 삭감부터 하고요. 저는 민주주의 교육의 본질도 결국 우리가 최소 윤리를 공유하는 데에 있다고 생각해요. 나와 다른 생각을 하는 사람과도 연대할 수 있어야 민주 시민이죠. 극우파도 그걸 알고 있어요. 책 읽는 집단이 얼마나 자기들을 위협하는 존재인지 말입니다.

이용훈 최근에 몇몇 보수단체의 민원으로 공공도서관에

서 성교육 도서가 폐기되거나 열람이 제한되어 논란이 일었는데요. 그것이 비민주적인 정치의 일면을 보여주는 듯해요. 나와 다른 입장은 배척하고 다양성을 인정하지 않는 거죠. 이런 것들이 검열의 형태로 나타나고 있고요.

이권우 처음에는 어린이책을 검열하기 시작하더니 한강의 《채식주의자》까지 그 여파가 이르렀잖아요. 검열의 칼날이 또 어디로 향할지 모르는 거예요.

이용훈 미국에는 한때 《성경》을 퇴출시키려던 도서관도 있더라고요. 그 이유가 음란하고 폭력적이어서라는 거예요. 하나의 가치만 존재하는 사회는 굉장히 위험해요. 그런 것들을 인식하고 극복하는 데 독서가 필수적인 역할을 하죠. 독서를 통해서 다양한 이야기, 생각, 상상과 만나는 게 중요한데 개인의 힘으로 온전히 해내기엔 한계가 있잖아요. 그럴 때 누구나 쉽게 드나들 수 있는 궁극의 공간이 도서관이에요. 그런 공적 공간으로서 도서관은 존재해야 하고 가치가 있다고 할 수 있죠. 언젠가 출판계 원로 한 분이 하셨던 말씀이 기억에 남아요. 독서 진흥을 위해 정부가 할 일은 그냥 발에 밟힐 정도로 책을 많이 깔아놓는 거라고요.

지식이 삶이 되는 순간, 라이프러리

이명현　모든 것이 너무 빨리 변하는 세상이다 보니 다들 혼란한 상태에 놓여 있어요. 무엇이 어떻게 더 변할지도 모르겠고요. 이럴 때 좋은 전략 중 하나가 가장 기본적인 것들을 유지하면서 버티는 거예요. 더 좋은 도서관을 만들기 위해서는 어떤 개혁이 필요할까 고민하는 일도 중요하겠지만, 어찌 보면 이제껏 쌓아온 도서관의 가치를 자칫 훼손할 수 있는 거죠. 당장 개혁안을 구체화한다 해도 변화의 속도가 너무 빨라서 나중에 들어맞지 않을 수도 있고요.

이권우　도서관의 존립 목적이 어디에 있는지 시민, 문화운동가, 도서관인이 각자의 자리에서 성실하게 질문만 던져도 제 역할을 충분히 할 수 있어요. 더 바라는 건 우리 욕심이죠.

이명현　맞아요. 지금은 도서관이 아주 기본적인 것들을 지키면서 변화의 시대를 버텨야 해요. 앞으로 어떻게 나아가야 할지 차분하게 결단을 내릴 수 있을 때까지 견디는 것, 그게 중요해요.

이권우　변화의 시기에는 원시반본原始返本이라고 하여 근본적인 것이 가장 큰 힘이라고 하잖아요. 인공지능이 더 고도로 발달하고 그 역할이 비대해짐에 따라 호모사피엔스, 즉 우리 인간이 어떻게 대비해야 할지를 묻는다면, 저는 독서를 통한 지식과 교양의 습득이 유일한 방법이라고 이야기하고 싶어요.

　　　이명현　예를 들어서 우리가 '한복'이라고 부르는 옷이 조선 시대에는 그냥 평상복이었거든요. 그러다 구한말에 양복이 들어오면서 옷의 구분이 생기고 범주가 나뉜 거죠. 마찬가지로 읽기, 쓰기, 토론하기 같은, 우리가 문해력과 관련해 중시하는 행위들도 도서관에서 원래 해오던 일들이잖아요. 인공지능이 들어오면서 오히려 읽기와 쓰기의 본질이 무엇이냐, 문해력의 핵심이 무엇이냐, 도서관의 역할이 무엇이냐를 더 두드러지게 생각하게 된 것 같아요. 도서관이 엄청난 위기에 봉착한 건 맞지만, 어떻게 보면 도서관 본연의 역할과 핵심 가치를 알아차릴 기회이기도 해요. 이럴 때일수록 도서관의 기본에 집중하는 것도 방법이 될 수 있어요.

　　　이용훈　버틴다는 게 굉장히 중요하긴 하죠. 계속 성장만 할 수는 없을뿐더러 지금 상황이 좋은 것도 아니고요. 힘에 부쳐서 나가떨어지지 않도록 견뎌야 하겠죠. 그 과정에서 기존의 것을 버려야 하는 순간에 맞닥뜨리기도 해요. 요즘 도서관에서는 많은 것을 하고 있거든요. 만약 버티기 위해서 뭔가를 덜어내야 한다면 무엇부터 손대야 하나 생각하게 돼요. 책, 공간, 사람 중 어떤 걸 남기고 어떤 걸 버려야 할까? 문화 프로그램이 우리 도서관에 꼭 필요할까? 이렇게 선택을 하는 거죠.

이정모　우리가 지금까지 줄곧 도서관이 허브가 되어야 한다고 이야기했잖아요. 허브가 되려면 사람들이 모일 수 있는 공간이 필요해요. 작은 세미나 시설도 필요하겠지만 더 규모 있는 강당이 필요할 수도 있어요. 마을 공동체가 뭔가 하려고 할 때 '도서관에 가서 해야지' 하고 마음먹을 수 있도록 적극적으로 공간을 조성해야 합니다. 제가 보기엔 지금 공간을 재구성하는 것만으로도 충분해요. 일반열람실만 축소해도 유효 공간이 생길 거예요. 그런 변화가 필요하다고 봐요.

이용훈　강당 같은 공간을 조성하는 건 도서관이 아니어도 가능해요. 도서관이 버티기 전략을 쓴다고 한다면 독서와 지식·정보 제공 활동에 좀 더 무게중심을 둬야 하지 않을까요? 역량을 분산하지 않고 집중하기 위해서라도요.

이권우　저는 오히려 도서관이 다양한 실험에 나서야 한다고 생각해요. 지금보다 비중을 더 늘리자는 이야기죠. 도서관에서 동아리 활동 같은 걸 직접 운영하긴 어렵다면 간접적으로 지원을 해도 좋고요.

앞에서 말한, 이제는 폐관된 일산 호수공원작은도서관은 각양각색의 동아리가 활발히 활동했거든요. 뜨개질 동아리, 시낭송 동아리 등이 있었는데 이런 활동엔 굳이 사서가 개입할 필요가 없거든요. 운영만 잘 이뤄지도록 지원해주면 되니까요. 그런데 사실 이런 활동에는 대단한 위력이 잠재되어 있어요. 사람들이 도서관에서 자신의 어떤 열망을 실현하는 과정에서 자연스레 책을 읽게 되는 순간이 있거든요. 그런 기회를 더 많이 만들기 위해서라도 도서관은 어떻게 사람들을 끌어들일 수 있을지 고민해야 합니다.

알맞은 비유인지는 모르겠지만 어디선가 읽은 한 실험 이야기가 인상 깊었어요. 어느 미술대학에서 학생을 두 그룹으로 나눠 실험을 진행했어요. 첫 번째 그룹에는 학기 내에 완성한 작품 하나만 내라고 했고, 두 번째 그룹에는 완성도는 따지지 않을 테니 무조건 작품을 많이 내라고 했죠. 둘 중 어느 쪽이 성과가 더 좋았을까요? 예상했겠지만 많은 시도를 거듭한 두 번째 그룹이었어요. 한마디로 경우의 수가 많을수록 더 많이 발전하는 거예요. 잦은 실패를 겪겠지만 그만큼 시행착오를 통해 성공의 가능성을 높일 수 있음을 보여주는 사례죠.

이용훈　도서관이 사람들을 어떻게 끌어들일지 고민해야

한다는 데에는 동의해요. 그런데 도서관에서 책과 관련된 여러 프로그램과 강좌를 진행하고 있지만 일회성으로 끝나는 경우가 대부분이거든요. 참가자들 스스로가 더 질문하고 생각을 확장해나갈 필요가 있어요.

  이권우 거기에서 사서의 힘이 발휘되더라고요. 예전에 제가 일산 호수공원작은도서관에서 《맹자》를 강의한 적이 있거든요. 강의가 끝난 후에 한 사서가 강의를 들은 분들과 협의해서 교재로 쓴 《맹자, 마음의 정치학》을 읽는 동아리를 만들어줬어요.

  이용훈 좋은 예군요. 애써 구상한 프로그램과 강좌가 일회성으로 끝나지 않도록 후속 작업을 이어가야 하거든요. '길 위의 인문학' 사업을 할 때에도 이 부분을 굉장히 많이 요구했어요. 우리 도서관이 지원할 수 있는 강좌가 세 개라고 할 때, 강좌를 단순히 세 번 열고 끝내는 것과 강좌를 계기로 사람들이 모임이나 동아리 활동에 참여할 수 있도록 독려하는 것은 완전히 다른 문제죠. 다만, 도서관의 활동이 다른 문화시설의 활동과 구분되는 지점은 책을 매개로 한다는 점이에요. 책을 통해 계속 새로운 시도를 할 수 있어야겠죠.

  이정모 그런 틀에서 벗어날 필요가 있다고 생각해요. 어차피 도서관에 책은 많아요. 도서관의 프로그램이라고 해서 반드시 책과 관련된 활동이어야 하는 건 아니에요. 오히려 도서관이라는 공간을 활용하는 일이 중요하거든요. 뜨개질 동아리 활동 때문에 도서관에 왔다 해도 매번 뜨개질만 하고 가지는 않아요. 때로는 서가를 둘러보기도 하고, 다른 동아리 활동을 구경하기도 하고, 도서관이 여는 프로그램에 참여하기도 하겠죠. 도서관이 허브가 되어야 한다고 했잖아요. 라이브러리가 아니라 '라이프러리'가 되어야 한다고요. 관점을 좀 더 넓혀보면 어떨까요. 이미 도서관은 책의 공간이에요. 자꾸 책을 강조하기보다는 책에 대한 언급을 줄이는 게 오히려 사람들의 지적 활동을 자연스럽게 유도하는 기회가 되지 않을까 싶어요. 독서도 마찬가지고요.

이권우 예를 들어 뜨개질 동아리 모집 공고를 도서관이나 사서가 낼 필요는 없어요. 이용자 중에 뜨개질 동아리를 만들고 싶어 하는 사람이 있으면 흔쾌히 받아주면 되죠. 동아리가 잘 운영되고 회원 수도 늘면 자연스럽게 책과의 접점이 생겨날 거예요. 그림책 주인공을 뜨개질 인형으로 만들 수도 있고, 짤막한 인형극을 짤 수도 있을 테고요.

처음에는 그냥 사람들에게 동아리 활동 공간을 빌려주는

거예요. 그러다 보면 사람들이 도서관이라는 공간에 조금씩 친근감과 의무감이 생겨요. 실제로 도서관을 오래 이용한 분들을 보면 하나같이 공간에 대한 부채 의식을 갖고 있더라고요. '내가 여기서 재미있게 동아리 활동도 하고 많은 걸 얻었는데, 나도 이 공간을 위해 뭐 하나 해야 하지 않을까' 싶은 마음이 드는 모양이에요.

이용훈 솔직히 현실적으로 우려되는 부분이 있어요. 당연히 동아리에 참여하는 사람 중에 책도 읽고 필요한 자료도 찾아보는 사람이 있겠죠. 하지만 동아리 자체가 친목 성격이 강하다 보니 동아리 활동에만 매진하는 사람도 많지 않을까요? 동아리처럼 개방적이고 다양한 분야를 아우르는 활동이 한쪽에서 이뤄진다면, 균형을 맞추기 위해서라도 도서관만의 차별성이 돋보이는 활동, 이를테면 도서관의 가장 큰 장점인 책과 자료를 활용해 사람들에게 말을 건네는 활동도 다른 한쪽에서 이뤄질 필요가 있어요. 사실 동아리나 모임 활동은 도서관이 아닌 다른 문화시설에서 많이 이뤄지고 있기도 하고요.

이권우 우리가 계속 얘기했지만, 이제는 '라이프러리'의 개념이 되고 있어요. 일상생활과 도서관이 분리되는 게 아니라 공존하며 어우러지는 형태인 거죠. 무엇보다 사서는 사람들을 책으로 끌고 올 테니까요. 저는 사서들이 자신의 역량을 최대한, 아니 최소한만 발휘해도 구심력이 생긴다고 생각해요. 원심력을 걱정하진 않아도 된다는 거죠.

이명현 예전에 《사×과×책》이라는 과학서 읽기 책을 쓰면서, 이제는 책이나 내용과 연관된 이슈에 대해 떠드는 비독서 행위까지도 독서 행위에 포함해야 한다는 이야기를 들은 적이 있어요. 사람들을 책으로, 텍스트로 이끄는 게 궁극적인 목적이라면 책과의 느슨한 연결을 배척할 필요가 없어요. 배척할 수도 없고요. 어떤 지식을 책을 통해야만 배울 수 있는 시대는 지났잖아요. 유튜브 영상을 보거나 게임을 하다가 궁금해져서 《삼국지》를 읽기도 하죠. 독서의 정체성을 끌고 가려면 비독서 행위까지 아우를 수 있을 정도로 독서의 범주를 넓혀야 하는 거예요.

도서관이 허브가 되려면, 도서관에 책 읽는 사람뿐만 아니라 놀러 오는 사람, 앉아만 있다 가는 사람, 사람이 좋아서 오는 사람까지 허용해야 합니다. 밀도는 조금 떨어지더라도 이렇게 다양한 활동들을 전부 '도서관 행위'로 포괄할 수 있어야 한다고 생각해요.

(©declan sun/unsplash)

노인을 위한 도서관은 있다

이권우 앞으로 도서관이 중요하게 여겨야 하는 역할 중 하나가 늘어나는 노인 인구를 적극적으로 수용하려는 노력이에요. 사회적으로 고립되고 단절된 노인 세대를 도서관으로 불러들여서 삶을 성찰하고 여생을 만족스럽게 보낼 기회를 제공할 필요가 있어요.

이용훈 자서전 쓰기 프로그램이 그런 노력의 일환이죠. 요즘은 책으로 만들어주기도 하더라고요. 이외에도 그림책 그리기, 책 쓰기 같은 프로그램도 많이 있어요. 인천시교육청이 도서관이나 학교와 연계해 진행하는 '읽고 걷고 쓰기(읽걷쓰)' 같은 프로그램도 있고요.

이권우 지금처럼 노인 세대에 극우 세력이 늘어난 데에는 후배 세대로서 우리에게도 책임이 있어요. 시간이 흐르면서 자연스럽게 청산될 구시대적 가치의 상징으로만 대한 면이 있잖아요. 그분들을 위한 문화적 기반이 튼튼하게 갖춰져 있었다면 이렇게 극우화가 심해지지는 않았을 수도 있어요.

이정모 2017년 말 기준으로, 한국은 65세 이상 인구수가 14세 이하인 인구수를 넘어섰어요. 그로부터 7년밖에 안 지난

2024년 12월 초고령사회로 진입하기도 했고요. 이제는 공공기관에서 어린이나 청소년을 위한 공간이 아니라 노인에게 특화된 공간을 확보하는 데 힘을 기울여야 해요. 도서관에서도 노인 이용자에 대한 배려는 특별히 이뤄지지 않거든요. 노인 전용 열람실을 만들자는 주장까진 아니지만, 적어도 청력이 떨어지는 노인 이용자가 좀 큰 소리로 이야기해도 괜찮은 공간들을 마련해줄 수는 있지 않을까요.

이권우　용인 수지도서관은 노인들을 위한 공간을 따로 마련했더라고요. 큰글자책도 비치되어 있고요.

이번에 대통령 탄핵 정국을 지켜보면서 다들 느꼈잖아요. 우리가 걱정해야 할 대상은 젊은 세대가 아니라 선배 세대라는 걸. 젊은 세대는 오히려 우리 걱정을 하죠. '너나 잘하세요!'라고. (웃음) 우리도 이제 노인이 되어가고 있죠. 결국 어떻게 선배 세대와 함께 잘 늙어갈 수 있을지를 고민해야 해요. 그래야 젊은 세대에게 짐이 되지 않죠.

이용훈　독서 인구로만 보면 어린이와 청소년, 대학생까지는 어느 정도 유지가 되는데 급격하게 줄어드는 구간이 40~50대 이상이에요. 특히 고령화 흐름으로 60대 이상부터는 한국뿐 아니라 전 세계적으로 문해력과 독서율이 현저히 떨어져요. 노인 세대의 독서율을 어떻게 끌어올리는가가 관건인데, 도서관이 이 부분에 기여할 수 있으면 좋겠어요.

다른 문화시설도 마찬가지겠지만 도서관도 시간적 여유가 있어야 이용할 수 있거든요. 아이들은 일단 초등학교에 들어가는 순간부터 물리적으로 도서관에 올 시간이 줄어들어요. 중고등학생은 더 심하죠. 40~50대는 일하느라 바쁘니까 주말에나 이용하고요. 그러다 보니 도서관을 일상적으로 가장 많이 찾는 사람들은 은퇴한 실버 세대예요. 게다가 한국도 초고령사회에 진입했기 때문에 실질적으로 도서관에 노인이 많을 수밖에 없죠. 하지만 도서관 직원들은 상대적으로 젊은 세대니까 노인 이용자를 이해하는 데 어려움을 겪어요. 노인 이용자에게 어떤 방식으로 서비스를 제공해야 할지도 고민이 많고요. 아무래도 살아온 세월이 있다 보니 고집도 세고 목소리도 큰 분들이 많거든요.

이권우 강의하다 보면 외골수인 분을 많이 만나죠. (웃음)

이용훈 앞에서도 이야기했지만, 1980년대에 대학을 다녔던 우리 세대는 어느 정도 문해력도 갖추고 지적 호기심도 유지하면서 살아온 세대잖아요. 이 세대가 노년층으로 진입하고 있으니까, 장기적으로 보면 도서관이 우리 세대를 중심으로 새로운 활력을 만들어낼 수 있으리라 믿어요. 이제는 먹고사는 문제를 해결하기 위한 독서, 자기계발이나 실용적 관점의 독서가 아니라 사회나 인문적인 관심에 의한 독서로 넘어가면서 도서관의 풍경도 바뀌지 않을까 기대도 돼요.

질문으로 돌아가면, 도서관이 독서 진흥에 도움이 되지만 그 방식에는 변화가 필요하다고 답할 수 있겠네요. 어린이, 청소년에게만 치중하지 말고 노인까지도 아우를 수 있도록 대상을 넓히자!

이정모 운영위원회에 노년층도 포함하면 좋겠네요.

이명현 맞아요. 그 방법을 고안하고 실행하는 주체가 노인이어야 해요. 노인에게 시혜를 베푸는 수준이 아니라 그야말로 그 세대의 시선으로, 당사자의 관점으로 접근해야 하거든요. 최근에 《지구가 평평하다고 믿는 사람과 즐겁고 생산적인 대화를 나누는 법》이라는 책을 읽었는데, 생각이 다른 사람을 이해하기란 정말 어렵구나 새삼 깨달았어요. 또 〈미스 프레지던트〉라는 영화가 있어요. 박근혜 추종자들을 '덕질'의 관점에서 바라본 작품이죠. 개인의 차원에서는 '생각이 다른 사람이랑 말 안 섞고 살면 되지'라고 할 수 있겠지만, 공동체 차원에서는 나와 생각이 다른 사람, 나와 다른 세대를 이해하려는 노력이 이뤄져야 합니다. 한 시대를 함께 살아가는 동지로서 말이죠. 100퍼센트 공감할 수는 없어도 10퍼센트는 공감대를 형성하면서 앞으로 남은 20년 남짓의 시간을 잘 보내보자는 말이에요. 도서관에 노인을 위한 공간도 마련하고, 또 어떻게 그들을 도서관에 오게 할지 고민하고요. 방금 말한 책과 영화가 아주 실천적인 해결책을 알려준다고 생각해요.

이용훈 가장 중요한 건 도서관에 오지 않는 사람, 도서관의 필요성을 느끼지 못하는 사람들을 불러들여서 우리가 지금까지 얘기한 내용들을 경험하도록 하는 거잖아요.

도서관이 일단 눈앞에 보여야 해요. 그래서 도서관을 많이 만들기도 했고요. 서울도서관처럼 서울광장 한복판에 도서관이 있으면 사람들이 지나가면서 한 번씩 들어오거든요. 화장실을 이용하러, 또는 그냥 구경하러 왔다가 책도 꺼내 보고요. 이런 유인책에 대해서 상당히 고민이 많습니다. 농담 삼아 크리스마스 시즌의 백화점처럼 건물 외벽을 잘 꾸며보자고도 해요. 사람들이 사진 찍으러 올 수도 있지 않을까 싶어서요. 도서관이 있다는 사실을 알아야 들어와서 책도 보고 프로그램에 관심도 가질 테니까요.

이정모 노인을 위한 도서관을 구상할 때는 대상을 구분

해서 접근할 필요가 있어요. 도서관 경험이 거의 없던 노인과 젊었을 때는 도서관을 좀 다니다가 나이 든 뒤로는 발길이 뜸해진 노인은 약간 다를 듯해요.

이용훈　도서관 경험이 있던 분들은 계속 잘 이용하세요. 지금도 도서관에 노인 이용자가 적지 않은데, 사실상 도서관의 혜택을 충분히 경험해봤기 때문에 은퇴하고 나서 더 적극적으로 도서관을 찾는 것 같아요. 아예 안 오는 사람은 도서관 앞을 지나가도 들어오지를 않아요. 도서관을 전혀 인지하지 못하는 거죠.

이권우　보건소와 협약을 맺어서 도서관에서 독감 예방주사를 맞게 하면 어떨까요? (웃음)

이용훈　도서관을 이용하면 인센티브를 주자는 의견도 있어요. 실제로 의정부시는 관내 도서관에서 책을 빌릴 때마다 마일리지를 부여하는데 그걸로 서점에서 책을 구매할 수 있어요. 대학교 도서관 중에도 마일리지를 주는 곳이 있어요. 하도 학생들이 안 오니까 경제적 인센티브를 마련해서라도 도서관으로 불러들이자는 생각이죠. 도서관 이용이 심리적으로나 지적으로는 물론 경제적으로도 도움이 된다는 사실을 알려드릴 수 있으면 좋겠습니다.

미래 도서관 프로젝트

이용훈   마지막으로 미래의 도서관에 대해 이야기해보고자 합니다. 예전에 '미래에 도서관이 어떻게 변할까'라고 질문을 던지면 가장 많이 나왔던 이야기는 '책 없는 도서관'이었어요. 모든 책이 전자책으로 전환되어서 도서관에 종이책은 하나도 없는 상황이 도래한다는 예측이죠. 그런가 하면 노르웨이에서는 미래 도서관 프로젝트를 추진하고 있습니다. 2014년부터 2114년까지 매년 작가 한 명을 선정해 미공개 작품을 받아 보관했다가 미리 심어둔 나무 1000그루로 100년 뒤에 출판하는 프로젝트인데, 한강 작가도 참여했죠. 앞으로 도서관이 어떤 모습으로 변할지, 또는 어떤 도서관이 살아남을지 여러분의 생각이 궁금해요.

이명현   당연히 지금과 같은 도서관은 아닐 거예요. 저는 '종이책이 없는 도서관'으로 나아가지 않을까 싶어요. 지금도 종이책을 경험한 적이 거의 없지만 정보를 얻고 있는 세대가 있으니, 앞으로는 종이책이라는 것을 한 번도 경험하지 못한 세대가 나타날 수도 있어요. 이들이 성장하고 나면 어떤 일이 벌어질까 생각해봤는데, 종이책이 레트로가 되지 않을까 싶어요. 레트로 열풍의 이유가 기성세대의 향수 때문이 아니거든요. 오히려 기성세대에게는 촌스럽기도 하고 한 줌의 추억에 불과한데, 그 시절을 경험하지 못한 요즘 세대에게는 한없이 낯설고 새로운 유행이 되는 거죠. 레트로는 과거의 재해석이 주는 새로움에서 비롯돼요.

도서관이 공동체의 허브로 자리매김하고 디지털화되다 보면 종이책은 결국 쇠퇴할 수밖에 없겠죠. 하지만 한편으로는 종이책을 전혀 모르는 세대에게 종이책은 새로움 그 자체일 거예요. 그렇다면 종이책에 대한 재발견을 이끌어내는 식으로 도서관의 형태가 바뀌지 않을까요? 기본적으로 디지털화한 허브로서 소통이 이뤄지는 동시에 종이책이 그야말로 '백래시backlash'를 일으켜 완전히 새로운 매체로 각광받는 거죠.

이권우 《북 비즈니스》를 쓴 미국의 저명한 편집자 제이슨 엡스타인이 동료와 내기를 했다고 하죠. 21세기의 책은 어떤 모습일지를 두고 엡스타인은 POD(맞춤형 소량 출판)의 형태로 바뀌리라 예측했고, 동료 편집자는 전자책만 남으리라 예상했대요. 그런데 둘 다 틀렸잖아요. 이처럼 미래를 내다보기란 매우 어려워요. 특히 문화 영역은 외피는 급격하게 변할지언정 내부는 쉽게 변하지 않아요. 문화라는 것 자체가 오랜 기간 내재화를 거쳐야 하니까요.

요즘 아이들이 전자기기에 익숙하고 전자책도 많이 본다고 하지만, 그 때문에 종이책이 사라지리란 생각은 안 해요. 학교와 학부모들도 아이들에게 종이책을 읽히잖아요. 사회적으로도 종이책을 봐야 한다는 의식이 형성되어 있고요. 종이책과 도서관이 그리 쉽게 사라지진 않을 거예요. 다만 어떤 형태로 존재할지는 모르죠.

마틴 푸크너의 《컬처, 문화로 쓴 세계사》를 보면 에필로그 제목이 '2114년에도 도서관이 존재할까?'인데, 앞에서 언급한 노르웨이 미래 도서관 프로젝트 이야기가 나와요. 그만큼 호모사피엔스에게 지식과 교양의 전수는 대단히 중요하다는 거예요. 교육의 영역이든, 문화의 영역이든 마찬가지죠. 그래서 도서관의 형태는 변할 수 있지만, 지식과 교양을 전수하고 사회적으로 공유한다는 도서관의 본질은 변함없을 겁니다. 만일 그 본질이 훼손된다면 호모사피엔스가 멸종했거나 멸종을 앞두고 있는 상황이겠죠.

이용훈　이정모 선생 저서 제목처럼 '찬란한 멸종'인 셈이네요. (웃음)

이명현　물론 도서관이 없어지진 않을 거예요. 어떤 형태로든 바뀌어 존재하겠죠. 칼 세이건이 말한 대로, 다소 추상적이

오슬로 미래 도서관

긴 하지만 은하 대백과 사전처럼 아카이브 형태를 띨 수도 있고요. 문명의 거의 모든 것을 차곡차곡 담은 거대한 디지털 도서관이라고나 할까요. 그렇게 변화하는 도서관의 형태가 호모사피엔스를 규정하는 거잖아요. 또 다음 세대로 전수되고요. 그러니까 도서관은 공간적으로든 시간적으로든 여전히 존재할 텐데 그게 어떤 형태일지는 모르겠어요. 다만 가까운 미래, 그러니까 10년이나 20년, 30년 뒤를 생각한다면 디지털화된 세상이 보편화되고 종이책은 아주 특별한 매체로서 가치를 인정받을 것 같아요. 아까도 이야기했지만, 그 가치는 활자에 익숙한 세대의 추억으로 발현되는 형태가 아니라 아날로그 문화를 전혀 모르는 세대에게 재발견되는 형태로 나타나지 않을까 싶어요.

이권우 꼭 그렇지 않을 수 있어요. 매리언 울프가 《다시, 책으로》에서 이야기하는 것처럼 인간의 '깊이 읽기' 능력을 보존하기 위해서라도 종이책을 무시할 수 없을 거예요. 결국 책에 대한 정확한 이해와 집중도 면에서는 종이책이 전자책보다 훨씬 더 유리하니까요.

이정모 그렇게 종이책의 가치가 부상할수록 값이 비싸지겠죠. 요즘에 건강을 위해 조금 비싸더라도 유기농만 사 먹는 사람들이 있잖아요. 그와 비슷한 거죠. 앞으로 태어나는 아이들은 학교에서 종이책으로 배우지 않을 수도 있어요. 어쩌면 평생 종이책으로 학습할 기회가 없어서 이들에게는 종이책 구매가 사치스러운 일이 될 수도 있죠. 또 기후변화가 심화되어서 환경 문제가 불거지면 종이책에 붙는 세금도 올라가 제작이 어려워질 수 있어요.

이권우 환경운동가 존 라이언은 책 《지구를 살리는 7가지 불가사의한 물건들》에서 공공도서관을 지구 환경보호에 기여하는 물건 중 하나로 언급하고 있어요. 자원 절약의 최우선 원칙은 재활용이나 감량화가 아니라 재사용에 있다는 설명인데요. 그런 점에서 도서관 하나가 1년에 50톤의 종이를 절약하고 250톤의 온실가스 배출을 억제한다고 말해요.

이정모 책의 형태와는 상관없이 미래의 도서관은 어떤 모습일지 생각하면, 도서관의 3분의 1 정도는 실험실 형태를 띨 것 같아요. 20세기는 문해력의 시대였어요. 읽고 쓰고 듣고 말하는 능력이 문화인, 교양인의 필수 덕목이었죠. 과학은 별난 사람들이나 하는 거라고 여겼고요. 그런데 21세기는 과학의 시대예요. 모든 사람이 직접 부딪치면서 경험과 데이터를 쌓을 필요가 생겼어요. 그런 건 책이 아니라 실험으로 가능하거든요.

실험실 같은 도서관은 생각보다 어렵지 않아요. 커다란

열람실 하나를 쪼개기만 해도 실험실 다섯 개를 만들 수 있어요. 그리고 사람들에게 책 대신 시간을 대출해서 물리학, 화학, 생명과학, 지구과학, 해양학 등 다양한 분야의 과학 실험을 하게 하는 거예요. 지금까지의 도서관이 문학과 인문학 중심이었다면 미래의 도서관은 과학 활동이 적극적으로 이뤄지는 곳이 되리라 봐요. 도서관과 과학관의 경계가 흐릿해지는 거죠. 세상 사람들이 그렇게 요구할 거예요.

이명현 제가 보기에도 그런 추세로 흘러갈 듯해요. 도서관이 텍스트나 콘텐츠를 감각적으로 체험하고 느끼는 곳이 되는 거죠. 그동안은 문학작품을 그냥 읽었다면, 지금은 VR(가상현실)나 AR(증강현실) 기술을 활용해 경험할 수 있는 수준에 이르렀잖아요. 어떻게 보면 '정보'의 범주도 어떤 감각이나 느낌의 입력까지 확장되는 셈이죠. 그런 정보를 폭넓게 아우르는 것도 도서관의 기능이 될 수 있어요. 이렇게 되면 말 그대로 책이 널려 있는 것이 돼요. 단순히 책의 물성을 느끼고 책을 통해 시공간에 관계없이 저자와 만나는 경험을 넘어서는 거죠. 디지털 기술의 발달, 즉 과학의 존재감이 높아지면서 지식의 영역뿐만 아니라 감각의 영역까지 건드릴 수 있는 도서관이 되리라고 생각합니다.

이용훈 결국 방향성과 선택의 문제일 텐데요. 저는 도서관이 앞으로도 개인의 사회적 필요와 욕망을 충분히 해소할 수 있는 기회를 제공하는 공적 공간으로 존재해야 한다고 생각해요. 지금까지 그래왔듯이요. 사실 부자는 지금도 서재의 형태로 자기만의 도서관을 갖고 있거든요. 결국 도서관은 보통의 시민 모두를 위해 필요한 곳이에요. 도서관은 이들을 위해 어떤 형태로든 변화를 거듭하며 존재할 겁니다. 계층 격차는 반드시 좁혀져야 한다고 생각해요. 평등과 불균형이 완전히 사라질 수 없다면, 도서관이 공공의 영역에서 많은 사람이 자신의 삶과 공동체를 더 나은 방향으로 개선할 수 있도록 다양한 서비스를 제공할 필요가 있죠. 형태가 어떻게 바뀌든 도서관이 지향해야 할 방향성은 이러한 공공성에 대한 믿음, 신뢰를 회복하는 데 있다고 봐요.

지금까지의 이야기를 종합해보면 미래에도 도서관에 책이 사라질 것 같진 않은데요. 그런데 정말 100년 후에 도서관이 남아 있을까요? 이걸 확인하려면 누군가는 100년은 더 살아야 할 텐데. (웃음)

이권우 그렇죠. 안 사라질 거예요. 사실 그전에 인류가 살아남을지가 걱정이에요.

이명현 책은 사라져도 텍스트는 사라지지 않는다고 말하

고 싶어요.

　　　이용훈　텍스트는 언제든지 책의 형태로 복원할 수 있으니 사라졌다고 할 수는 없겠죠. 도서관의 미래를 위한 질문에 다양하게 답해주셔서 감사합니다. 마지막으로 한마디씩 소회를 들어볼까요?

　　　이명현　지금까지 책과 도서관의 미래가 어떻게 될지 추측하고 예측했는데, 거꾸로 이 시점에서 도서관의 지향점을 잡는 것도 좋겠어요. 영화를 예로 들면, 요즘은 영화를 거의 디지털로 찍는데 실험 영화를 제작하는 제 동생처럼 여전히 필름으로 작업하는 사람이 있어요. 심지어 필름이 엄청 비싸졌거든요. 그 이유를 물었더니 답이 단순해요. 필름이라는 매체를 통해서 구현하고 실험하려 했던 바들이 다 끝나지 않았다는 거예요. 그런 식으로 가치를 지키며 탐구를 지속하는 방향으로 나아갈지, 큰 흐름을 받아들여 사회적으로 새로운 역할을 맡는 방향으로 나아갈지 선언해야 하지 않을까요? 아직은 선택지가 있는 상황이니까요.

　　　이권우　거듭 이야기했듯이, 미래를 예단하기는 쉽지 않아요. 성급하게 결정하기보다는 좀 더 지켜볼 필요가 있어요. 무엇보다 책과 영화는 다르다고 생각해요. 영화는 필름으로 찍든,

디지털로 찍든 감독의 선택 문제예요. 아날로그로 제작하든 디지털로 하든 배우의 연기와 감독의 연출이 중요하게 작용하고, 관객에게 보여지는 건 동일하니까요. 영화를 거의 디지털로 찍는 시대에 필름 촬영을 고수하는 것과 전자책이 보편화한 상황에서 종이책의 존재 유무를 묻는 것은 완전히 다른 문제예요. 훗날 기후 위기나 자원 부족 때문에 수많은 책이 전자화한다 해도 예외적으로 허용되는 종이책은 분명 있을 테고요. 거꾸로 최근에는 웹소설로 먼저 발표하고 인기를 끌면 종이책으로 출간하기도 하잖아요. 이게 참 알 수가 없는 거예요.

  이용훈 이럴 때 가장 중요한 게 유연성이죠. 도서관이 유연성을 발휘하면 좋은데, 거의 공공의 자산으로 운영하고 유지하니까 어려운 부분이 많네요.

  이권우 저는 미래 세대가 디지털 환경에 놓일수록 오히려 문화운동가가 이들에게 종이책을 더 접하게 하고 그걸 통해서 문해력을 키워야 한다고 생각해요. 매리언 울프의 표현대로 '양손잡이 뇌'를 만들어야 하는 거죠. 대세가 왼손잡이니까 왼손잡이로 가는 것은 반대예요.

  이용훈 도서관이 공동체의 의견을 수렴하여 선택하고 움직여야 하겠죠.

이명현　도서관이 선택을 내릴 때가 온 거죠.

이권우　그건 어차피 필요하다면 사회적 압력으로 나타날 거예요.

이명현　진화에서도 선택압이라는 게 있잖아요. 종이라는 물질을 고수하기보다는 텍스트에 더 집중하는 방향으로 가야 하지 않나 싶어요. 태블릿 같은 디바이스로 보는 텍스트 자체의 효용성도 있고요.

이권우　뇌과학 연구만 봐도 종이책이 이해도 면에선 훨씬 앞서요. 전자책이 주류를 이루더라도, 전자책 나름대로 그 쓸모가 있더라도 종이책만의 강점과 가치가 따로 존재할 수 있는 거예요. 굳이 지금 나서서 종이책을 버릴 이유는 없다고 생각해요.

이용훈　이정모 선생님, 《찬란한 멸종》의 저자로서 이 논쟁에 한마디 해주신다면!

이정모　변화라는 건 지수함수적으로 일어나요. 처음에는 하나도 변하지 않는 것 같다가 변곡점에 닥치면 순식간에 변하죠. 우리가 아무리 종이책을 선호한다고 해도 우리의 바람처럼 상황이 흘러가지 않을 수 있다는 뜻이에요. 종이책으로 가느냐, 전자책으로 가느냐는 세상이 변하는 대로 따라가는 문제지, 우리가 선언하거나 미리 결정해서 될 일은 아닌 듯해요.

대세가 전자책으로 기울더라도 도서관에 종이책을 그냥 놔두면 좋겠어요. 책이 쫙 꽂힌 서가가 주는 아우라가 있잖아요. 파주 지혜의숲이나 삼성동 코엑스의 별마당도서관을 두고 책을 장식물처럼 취급했다는 비판도 있지만, 그 장식이 주는 분위기가 있어요. 사람들은 그걸 보고 행복과 뿌듯함을 느끼고 우리 집에도 책이 많았으면 좋겠다는 생각을 해요. 이처럼 각자의 역할이 있다고 봐요.

마지막으로 한마디 보탠다면 이렇게 말하고 싶어요. '살아보니, 도서관이네!' 세상이 어떻게 변할지는 모르겠어요. 우리의 희망대로 바뀌지도 않고요. 그저 '도서관은 나한테 어떤 의미가 있었을까?', '만약에 나에게 도서관이 없었다면?' 하고 생각해보는 거죠. 내가 고등학교 때 연동교회 도서관을 만나지 못했다면 대학을 제대로 갈 수 있었을까? 전공서가 비치된 연세대학교 중앙도서관 2층에 잡지열람실이 없었다면 그 광활한 세계를 경험할 수 있었을까? 독일 유학 시절 본시립도서관이 없었다면 책을 쓸 수 있었을까!

제 인생에 가장 힘들었던 순간들이 있었어요. 무엇이 어떤 문턱 같은 것들을 넘게 해주었나 떠올려보면 다 도서관이었어요. 귀국한 후 생활을 영위하는 데 많은 도움을 준 것도 도서관

강연 수익이었고요. 그래서 "살아보니, 인생에서 가장 결정적인 요소가 가족과 도서관이었네!"라고 이야기할 수 있죠.

저와 같은 도서관의 경험을 다른 사람들도 누릴 수 있기를 바라요. 도서관은 지식의 보고이기 때문에 정말 많은 것들이 있어요. 그곳에서 어떤 보물을 찾아서 가져갈지는 각자의 운이자 기회이겠지만 그 짜릿한 묘미를 모두가 맛보면 좋겠어요. 이런 보물찾기를 혼자 하기는 어려울 수 있으니, 제가 만난 사서들처럼 도서관의 좋은 사서들이 좋은 기회를 시민들에게 나눠주면 참 고맙겠다 싶어요.

이권우 이거 너무 공식적인 반응 아니에요? (웃음)

이용훈 이정모 선생이 그랬던 것처럼 이 책이 도서관, 그리고 독자에게 도움과 기회가 되면 좋겠어요. 자기 성장, 자기 발전, 자기 삶의 풍요를 위해 도움이 되는 도서관이 되면 좋겠다는 바람입니다.

이권우 이명현, 이정모 선생과 함께 환갑삼이 프로젝트를 할 때 서점뿐 아니라 도서관을 간 이유도 바로 거기에 있었죠. 도서관을 만난 연령대와 환경은 각자 다르겠지만, 도서관이 우리에게 준 영향이 있었고 성장의 배경이 되었던 경험이 있었기 때문이에요.

우리가 저자가 되었을 때 도서관이 우리를 불러 강연을 부탁하고 또 강연료를 주지 않았다면, 근근이 살아갈 힘도 없었을지 몰라요. 우리가 무명이고 어려운 시절일 때 기꺼이 불러준 고마움은 절대 못 잊죠. 그런 것들이 큰 힘이 되었기 때문에 다음 세대의 저자 집단도 우리처럼 도서관에서 지원받아 자기들의 꿈을 포기하지 않고, 민주주의에 대한 꿈을 더 많은 독자와 공유하는 계기를 만들 수 있기를 간절히 바랍니다.

이용훈 '3의 법칙'이라는 게 생각나네요. 세 사람이 같은 걸 하면 사람들이 모여 같이 행동할 수 있겠죠. 이번에도 세 분이 모여 도서관에 대한 이야기를 했으니, 이 책을 계기로 도서관을 이야기하는 사람이 30명이 되고, 나아가 300명, 3000명이 되면 좋겠어요. 좀 더 나은 세상을 살아가는 데 도서관이 도움이 되면 좋겠고요. 도서관을 운영하는 사서들도 그런 가치에 대해서 인식하고, 더 적극적으로 시민들과 함께 더 나은 도서관을 만들어가면 좋겠다는 생각이에요. 전문적이면서도 적극적으로 현장에서 실천해야 할 것 같아요. 시민과 도서관, 사서가 서로를 격려하고, 함께하는 용기를 내기를 바라면서 오늘의 이야기 마당을 닫겠습니다. 세 분 모두 앞으로도 계속 도서관과 즐겁게 살아가주세요. 고맙습니다.

나가는 글

모두를 위한 도서관을 꿈꾸는
이들에게 보내는 편지

이권우 (도서평론가)

그건 선선함이었습니다. 밝은 햇볕을 쬐며 도서관에서 빌린 소설책을 읽다가 구름이 끼어서인지 약간 시원해지는 느낌을 받은 기억까지는 났습니다. 그런데 책에 머리를 박고 잠깐 잠이 들었던 모양입니다. 잠에서 깨어 창밖을 바라볼 적에 슬쩍 지나간 기운이 있었습니다. 굳이 말로 표현하자면 시원하면서도 서늘한 그 무언가였달까요. 전날의 피곤도, 앞날에 대한 막연한 두려움도 다 잊게 만든 기운이었지요. 저에게 도서관은 그런 곳이었습니다. 자양분을 흠뻑 흡수하는 자궁이었으며, 집안의 가난과 정치의 폭압에서 나를 지켜주는 성채였던 셈이지요.

오래전 동네 주민들과 능력주의를 주제로 책 읽고 토론하고 글 쓰는 시간을 보낸 적이 있습니다. 강의를 마치고 참여자의 글을 모아 자그마한 책자를 펴낸 다음 조촐한 책거리를 열었지요. 강의 기간에 서로를 깊이 알게 된 터라 오랜만에 격의 없이 어울렸습니다. 흥겹게 대화가 이어지다 어떤 분이 저보고 좌파여서 좋았다고 말하더군요. 수업하면서 드문드문 정치적인 발언을 하게 되었고, 그러다 농으로 "그래요, 저는 좌파예요"라고 했던 것을 기억하고 한 말이었습니다. 겉으로는 허허, 대며 웃었지만, 순간 무척 부끄러웠습니다. 제 삶을 되돌아보건대 어찌 좌파라는 말을 함부로 입에 올릴 수 있겠습니까.

이미 식상한 말이 되어버렸지만, 좌파가 된다는 것은 얼마나 어려운 일인가요. 강고한 자본주의 질서를 박살 내버리고, 인간다운 삶의 가치가 실현되는 새로운 체제를 실천적으로 구현해나가는 사람을 이르는 말이잖아요. 에릭 홉스봄의 말대로 '극단의 시대'였던 20세기 세계사를 장식한 무리입니다. 혁명, 천재, 우애, 연대, 투쟁, 희생이라는 파생어와 어울리는 말입니다. 그런데 고작 책이나 읽고 입방정이나 떠는 사람이 좌파라는 말을 참칭했으니 얼마나 부끄러운 일인지 모릅니다.

도서관을 사랑하고 헌신하는 분을 만나면서도 비슷한 감정을 느꼈습니다. 저는 늘 혼자 책을 읽고 잘난 체하며 글을 쓰고 방송하고 책을 펴냈을 뿐입니다. 그리고 여력이 있으면 책으로 성장하는 공동체를 위해 미력한 힘을 보탤 뿐이었습니다. 하지만 제가 만난 도서관 사람들은 일상에서 독서와 문화로 이웃과 교류하고 함께 성장하며 더 나은 공동체를 꿈꾸었습니다. 정말 자신의 영혼을 갈아 넣고 있더군요. 우애와 연대, 그리고 희생이라는 말에 걸맞은 삶이었습니다.

서점을 살리자는 말이 무성합니다. 아닌 게 아니라 우후죽순 생겨나더니 이제는 마구 문을 닫습니다. 죽어가는 것은 살려야 합니다. 김해에 있는 작은 서점과 인연이 깊어 자주 강의를 맡으면서 도서관과는 다른, 동네서점의 가능성을 엿보았습니다. 그런데도 서점을 살리자는 말이 불편합니다. 공공성을 내세우며 오랫동안 묵묵히 마을 공동체의 문화 거점으로 활약한 이런저런 도서관에 지원해야 한다는 목소리는 잘 들리지 않아서입니다. 왜 우리는 공공성보다 상업성을 내세운 곳에 더 큰 관심을 기울이는 걸까요? 더 놀라운 것은 정작 도서관 운동 하는 분은 섭섭해하지 않는다는 겁니다. 지원해주면 고맙고, 아니면 우리끼리 살아내보겠다는 패기가 느껴집니다. 얼마나 힘든 과정을 거치며 단련되었기에 이리도 배포가 크다는 말입니까?

하나의 유령이 세상을 떠돌아다닙니다. 챗GPT를 비롯한 인공지능이라는 유령이. 너도나도 이 물결에 올라타지 않으면 큰일 날 듯 얘기합니다. 몇 년 전에는 메타버스로 난리를 부리더니만 그새 세상이 바뀐 거지요. 물론 얼마 못 간 메타버스는 그 충격이나 앞날에 미칠 영향에서 챗GPT와 비교 대상이 되지 않습니다. 정말 큰일이 일어나버렸습니다. 순식간에 사람이 쓴 것보다 나은 결과물을 내뱉는 인공지능을 볼라치면 두려움이 일지 않을 수 없지요. 하지만 놓치고 있는 게 있지 않을까요? 너도나도 인공지능만 입에 올릴 적에 호들갑 떨지 않고 꼿꼿하게 근본 가치를 지켜나가는 집단이 있어야 하지 않겠냐는 말입니다. 인공지능 전문가가 책 읽기의 중요성을 힘주어 말하는 것을 보며 샘이 깊은 물의 가치를 되새김질합니다.

낡은 사람이라 그런지 요즘 세상을 보면 어째 사막의 풍경이 떠오릅니다. 단 하나의 풍광만 펼쳐지는 곳을 일러 사막이라 한다면, 지금 우리는 인공지능이라는 사막의 공간으로 발을 딛는 셈입니다. 물론 잘 알고 있습니다. 도도한 문명 변화의 물결은 막아낼 수 없다는 걸. 하지만 문화 영역은 다릅니다. 정치나 경제가 승자의 독점이 통용되는 곳이라면, 문화 영역은 옛것과 새것, 아날로그와 디지털이 다양성이라는 이름으로 공존하는 곳입니다. 만약 문화마저도 승자의 논리가 지배한다면 그곳마저 사막이 되고 맙니다. 단일한 지배가 아니라 다양한 공존의 장이야말로 바로 문화이잖습니까.

　사막에 필요한 것은 오아시스입니다. 앞으로 도서관은 어떤 역할을 맡아야 할까요? 단일한 것이 지배하는 사막에 도서관이 옹달샘 역할을 해주었으면 합니다. 우리 이웃이 편안하게 찾아와서 메마른 정서의 목을 축이는 곳, 세파에 시달리다 잠시 와서 책으로 '망명'을 떠나 안락함을 누릴 수 있는 곳, 바쁜 부모의 손길을 받지 못하는 아이가 안심하고 올 수 있는 곳, 책으로 교양과 지식을 쌓으려는 사람들의 발길이 끊이지 않는 곳, 나만 잘살면 된다는 세상에 딴죽을 걸고 더불어 살아가는 공동체를 꿈꾸는 사람들이 함께 고민하는 곳. 거창하게 오아시스도 아니고 그저 작게 옹달샘으로, 하지만 여기서 받아먹은 한 잔의 물이 영혼의 활력소가 될 수 있는 곳 말입니다.

　말하다 보니, 도서관을 사랑하고 헌신하는 분들이야말로 정말 '좌파'이십니다그려. 모두가 돈과 권력에 미쳐나갈 적에, 남을 짓밟고 나만 살겠다고 발버둥 칠 때에 묵묵히, 끈질기게, 배포 있게 이웃과 더불어 성장하고 더 나은 세상을 꿈꾸어 왔잖습니까. 혼자만 깊이 알고 잘난 척하려고 하지 않았고 누구나 두루 읽는 사람이 되어 비판적인 시민이 되길 바랐잖습니까. 그러려고 함께 읽고 토론했고, 책의 현장을 찾아가고, 작가나 저자를 불러 이야기를 듣고, 책에서 비롯한 다양한 문화를 공유해 왔지요. 더욱이 도서관을 이용하는 사람들이 의미의 소비자에 그치지 않고 창조자가 되도록 이끌었습니다. 이쯤 돼서 다시 생각해보니 좌파라는 말보다는 공화주의자라는 말이 더 어울릴 성싶습니다. 공화라는 것이 공공선을 이루기 위해 애쓰는 시민적 덕성을 가리키는 말이니까요.

프랑스어에는 '개와 늑대의 시간'이라는 말이 있더군요. 해 질 녘 어스름한 시간대를 가리키는데, 개와 늑대를 가려내기 어려운, 애매한 상황이라는 뜻이랍니다. 우리말로는 '이내'라고 한다는군요. 대학 시절 도서관에서 제가 느낀 기운이 바로 이 경계선에서 비롯하지 않았을까 싶습니다. 현실과 상상의 세계를 가르는 접경에서 한쪽으로만 발을 내딛지 않고 기우뚱거리며 양쪽을 왔다 갔다 했기에 훗날 제 역할을 하는 사람으로 성장할 수 있었을 겁니다. 도서관이 아니었다면 절대 경험할 수 없는 일이었지요. 우리 공동체 구성원이 두루 이런 경험을 할 수 있기를 소망합니다. 그러기 위해서 도서관의 역할이 더 중요해지리라 믿습니다. 지금껏 도서관을 위해 여러분이 걸어온 길에 감사의 인사를, 앞으로 걸어갈 길에 응원의 박수를 보냅니다.

저자 소개

이용훈 도서관 문화비평가. "책을 통해 사람을 행복하게 해주는 게 좋아서" 도서관 사서가 되었다. 연세대학교 도서관학과를 졸업한 뒤 10여 년간 대학도서관과 전문 도서관에서 사서로 일했으며 전국사서협회를 조직했다. 이후 도서관 전문 단체로 옮겨 20여 년간 도서관 정책 관련 업무를 수행했다. 2012년 제1대 서울도서관 관장으로 취임하여 4년 동안 재임했고, 한국도서관협회 사무총장을 거쳐 현재는 한국도서관사연구회장, 책읽는사회문화재단 이사로 활동 중이다. 더 많은 사람들이 도서관을 찾고 더 많은 사서들이 책 읽으며 일할 수 있도록, 도서관 문화 발전을 위해 다양한 정책 활동을 하면서 출판, 서점, 독서계를 아우르며 협업을 이어왔다. 도서관 문화 융성에 기여한 공로로 제1회 이병목 참사서상을 수상했다. 지은 책으로《사서가 말하는 사서》(공저),《독서의 즐거움》(공저) 등이 있다.

이권우 도서평론가. 타고난 책벌레라서 죽어라 읽어보고 싶은 마음에 경희대학교 국어국문학과를 갔다. 대학교 원형 도서관에 앉아 온갖 책과 잡지들을 섭렵하면서 인문학적 상상의 나래를 펼치던 시간은 삶의 자양분이 되었다. 돈과 권력, 기술이 위세를 떨칠수록, 다양한 생각과 이야기가 공존하는 도서관이 시민을 위한 오아시스가 되어주어야 한다고 믿는다. 출판 전문지〈출판저널〉편집장을 지냈고, 이후에는 글 쓰고 강의하며 살고 있다. 2023년 이용훈 선생과 서산시립도서관에서 '한 도시 한 책 읽기' 운동 시범 사업을 펼친 것을 가장 보람된 일로 기억한다. 지은 책으로 《책읽기의 달인, 호모 부커스》, 《책읽기부터 시작하는 글쓰기 수업》, 《고전 한 책 깊이 읽기》, 《발견의 책읽기》, 《살아 보니, 지능》(공저) 등이 있다.

이명현 천문학자이자 '과학책방 갈다' 대표. 어려서부터 도서관을 놀이터처럼 드나들었다. 학교 도서관 문을 가장 먼저 열고 들어가던 소년은 어느덧 '과학책방 갈다'에서 대중 강의와 문화 행사를 주관하면서 과학으로 사람들을 잇는 일을 하고 있다. 네덜란드 흐로닝언대학교에서 박사 학위를 받은 뒤 네덜란드 캅테인연구소 연구원, 한국천문연구원 연구원, 연세대학교 천문대 책임연구원을 지냈다. 지은 책으로 《이명현의 별 헤는 밤》, 《이명현의 과학책방》, 《지구인의 우주공부》, 《살아 보니, 지능》(공저), 《별먼지와 잔가지의 과학 인생 학교》(공저) 등이 있다.

이정모 펭귄각종과학관을 운영하는 과학계의 '털보 관장'. 인생의 굵직한 순간마다 운명처럼 도서관을 만났다. 연동교회 도서관에서 처음으로 세상사에 눈떴고, 대학교 중앙도서관에 갔다가 광활한 잡지의 세계에 빠져들었고, 독일 본 시립도서관 사서들의 집요한 권유로 달력에 관한 책들을 섭렵한 것이 계기가 되어 작가의 길을 걷기 시작했다. 연세대학교 생화학과를 졸업한 뒤 동 대학원에서 석사 학위를 받았다. 이후 서대문자연사박물관장, 서울시립과학관장, 국립과천과학관장을 지내며 과학의 대중화에 앞장서왔다. 그 공로를 인정받아 2019년 과학기술훈장 진보장을 받았다. 지은 책으로 《달력과 권력》, 《저도 과학은 어렵습니다만 1~2》, 《과학이 가르쳐준 것들》, 《찬란한 멸종》, 《살아 보니, 지능》(공저) 등이 있다.

그래서 우리는 도서관에 간다

초판 1쇄 발행 2025년 6월 25일

지은이 이용훈, 이권우, 이명현, 이정모
발행인 김형보
편집 최윤경, 강태영, 임재희, 홍민기, 강민영, 송현주, 박지연, 김아영
마케팅 이연실, 송신아, 김보미, 김민경　**디자인** 송은비　**경영지원** 최윤영, 유현

발행처 어크로스출판그룹(주)
출판신고 2018년 12월 20일 제 2018-000339호
주소 서울시 마포구 동교로 109-6
전화 070-4808-0660(편집) 070-8724-5877(영업)　**팩스** 02-6085-7676
이메일 across@acrossbook.com　**홈페이지** www.acrossbook.com

ⓒ 이용훈, 이권우, 이명현, 이정모 2025

ISBN 979-11-6774-208-7 03020

- 잘못된 책은 구입처에서 교환해드립니다.
- 이 책은 저작권법에 따라 보호를 받는 저작물이므로 무단 전재와 무단 복제를 금지하며, 이 책의 전부 또는 일부를 이용하려면 반드시 저작권자와 어크로스출판그룹(주)의 서면 동의를 받아야 합니다.

만든 사람들
편집 최윤경, 송현주　**교정** 고아라　**디자인** 송은비　**사진** 이우재　**조판** 박은진